Tony DeLisa
Das AMI-Kochbuch

Tony DeLisa

# Das Ami Kochbuch

Illustriert von Johannes Gerber

Mosaik Verlag

Autor: Tony DeLisa
Gestaltung und Illustrationen: Johannes Gerber, München

Der Mosaik Verlag ist ein Unternehmen
der Verlagsgruppe Bertelsmann


Druck und Bindung: Alcione, Trento
Printed in Italy
ISBN 3-576-10553-0

# Inhalts-verzeichnis

SY'S
ARBER
SHOP

# Für ‚Zio Pasquale'

– Für „Onkel Pat", das heißt 1,70 m groß u. ca. 140 Kilo schwer, als ich ihn das letzte Mal gesehen habe.
Ich kann mir nicht vorstellen, daß „Zio" eine Stunde seines Lebens verbracht hat, ohne zu lachen, einen Witz zu erzählen oder (vor allem) ohne etwas zu kochen und zu essen.
Im Jahr 1947 ist er krank geworden und durfte nur noch Brei usw. essen – voraussichtlich sein ganzes Leben lang!
An einem Sonntag kurz danach ist er in seinen Friseurladen gegangen, wo er (natürlich) auch eine Küche hatte, stellte einen Stuhl vor den Herd, legte seinen Kopf in den Backofen und schaltete das Gas an. – Also, für Onkel Pat war Essen 100% des Lebens! Findest du das traurig?
Ich aber nicht!
Ich weiß nicht, was er heute treibt – aber sicherlich sind auch ein Herd, ein Kochtopf und ein schönes Mädchen dabei.
Traurig ist nur, daß er dieses Buch nicht geschrieben hat. Sicherlich hätte er es besser gemacht.

# Vorwort

So weit man zurückdenken kann, führen Menschen miteinander Krieg. Die Frage nach dem Warum steht hier nicht zur Debatte. Das ist einfach so – schon seit Beginn der menschlichen Kultur – ob jemand den Computer falsch gefüttert hat und wir Menschen deshalb nicht richtig programmiert sind? Ich weiß es nicht. Aber was ich weiß, ist, daß jeder Krieg einmal ein Ende hat – beide Seiten verlieren – aber komischerweise wird einer Gewinner genannt und einer Verlierer.

Der „Gewinner" besetzt immer das „unterlegene" Land, und was im Frieden nicht möglich war (wegen der räumlichen Entfernung), bei einer Besetzung kommen sich die Menschen plötzlich näher, die sich vorher bekämpften. In jedem Fall haben sich Eßgewohnheiten und Tischsitten beider Länder gegenseitig beeinflußt. Ich versuchte, der Tatsache auf den Grund zu gehen, warum zwischen Deutschland und Amerika auf dem Gebiet der kulinarischen Künste kein Austausch stattfand. Immerhin sind amerikanische Soldaten schon seit rund 40 Jahren in Deutschland stationiert. Ich selbst lebe seit 16 Jahren in Deutschland. Die vielen Gespräche mit meinen Freunden drehen sich oft um Themen wie „Lebensweise, Traditionen und Gewohnheiten der Amerikaner".

Da Kochen mein Hobby ist, verbringe ich einen großen Teil meiner Freizeit damit. Natürlich macht sich dies auch bei Unterhaltungen mit Freunden und Bekannten bemerkbar. So landen Gespräche häufig bei meinem Lieblingsthema, beim Kochen!

Durch diese Gespräche erfuhr ich, daß die deutsche Bevölkerung folgende Vorurteile über die Amerikaner hat:

1. Amerikaner tragen Hochwasserhosen!
2. Amerikanerinnen laufen sogar auf der Straße mit Lockenwicklern herum!
3. Die Männer werden furchtbar von ihren Frauen herumkommandiert!
4. Die Frauen können nicht kochen – und Amerikaner verwenden fast ausschließlich Konserven und Trockennahrung!
5. Es gibt keine eigentliche „Amerikanische Küche"!
6. Die Amis joggen 20 km jeden Morgen, um fit zu bleiben – fahren aber 20 m, um Brötchen zu holen.

Aber seid unbesorgt, ich werde nicht alle angeführten Punkte behandeln, sondern nur die, die sich auf die Kochkunst beziehen!

Dann also – auf in den Kampf, Tony!!!

Zu Punkt 3: Daß amerikanische Männer von ihren Frauen „beherrscht" werden, spielt hier auch eine Rolle. Es gibt hier eine gute und eine schlechte Seite. Nehmen wir die gute Seite unter die Lupe. Wenn die amerikanischen Frauen diesen „Minuspunkt" nicht hätten, gäbe es unter den amerikanischen Männern nicht so viele gute Köche. Aber daß unsere Hausfrauen nicht kochen können und daß alle Amerikaner ihr Essen aus Dosen holen, das stimmt teilweise, aber nicht ganz!!

Zu Punkt 4: Hier sollten einige Fakten klargestellt werden: Amerikanische Konserven sind die billigsten und die qualitativ hochwertigsten der ganzen Welt – und viele davon sind köstlich und gehaltvoll dazu. Aus eigener Erfahrung weiß ich, daß, auch wenn ich die frischesten, dicksten, reifsten roten Tomaten für meine Spaghettisauce aussuche, sie trotzdem nur halb so gut schmeckt wie die aus einer Dose „Peeled Italian Tomatoes"!

Genauso hatte ich wenig Erfolg mit frischen grünen Erbsen. Sie schmecken aus der Dose einfach besser! (Über den Ernährungswert sprechen wir ein anderes Mal – o.k.?)

Mit Konserven sind schon manch phantasievolle Gerichte entstanden. Es gibt keinen Grund für eine gute deutsche Hausfrau, die sich leicht frisches Gemüse und Obst vom Markt besorgen kann, nicht die gleichen Rezepte zu verwenden und, um ihren Stolz am Hausgemachten zu befriedigen, dieselben Gerichte zu kochen.

Zu Punkt 5: Zugegeben, wir sind ein junges Land und hatten keine Jahrtausende zur Verfügung, um unsere eigene Kultur zu entwickeln wie Europa.

Aber nehmen wir an, da war ein Franzose, der kam vor 200 Jahren nach Louisiana. Man schenkte ihm ein Stück Land. Unterstellen wir, seine Frau war die Tochter eines englischen Kaufmannes, so hatte sie, das Essen betreffend, ganz andere Vorstellungen als unser französischer Einwanderer.

Sicher hatten sie anfangs kaum Zeit, sich besonders um die Küche zu kümmern (nicht nur deshalb, weil sie jung verheiratet waren) – und sicher machten sie sich auch gar keine Gedanken darüber.

Aber dann waren da eine Pflanzung, eine Familie, Personal, ein Haus, ein größeres Haus – ein Küchentrakt. Schwarze Sklaven waren da (das gab's damals leider), eine schwarze Köchin, deren Wiege (sofern sie eine hatte) in Afrika gestanden hatte. Unsere schwarze Köchin hatte natürlich auch ihre eigene Vorstellung vom Kochen und Essen. Bei unserer Geschichte basteln schon drei Eßkulturen an einer Mahlzeit herum: Frankreich, England und Afrika.
Was die Situation interessanter machte, waren die Pflanzen, Gemüse, Gewürze – sie waren unseren drei Köchen vollkommen fremd. Ein Beispiel ist die Tomate, die 100%ig amerikanisch ist, heute aber viel mehr in Frankreich und Italien verwendet wird als in den USA. Auch Corn (Mais) wurde aus der New World nach Europa gebracht und wurde zu einem der Hauptnahrungsmittel für Spanien, Portugal und Italien – später auch für die Balkanstaaten.
Dann, nehmen wir die Kartoffel, neben Brot das Hauptnahrungsmittel der Deutschen. Auch sie begann ihren Siegeszug in Amerika. Auch Schokolade, Erdnüsse, Vanille, Ananas, „französische Bohnen", weiße Bohnen, rote und grüne Paprikaschoten (Chillies) und die „Sweet Potato" kamen aus der Neuen Welt!
Es ist ganz unmöglich, daß eine solche Auswahl von neuen Grundnahrungsstoffen, gepaart mit dem unterschiedlichen Geschmack und den verschiedenen Vorstellungen der Siedler aus aller Welt, keine lebendige und interessante Küche hervorbringen konnte.

Da ich kein Schriftsteller bin und nie erwartet habe, daß das AMI-KOCHBUCH wirklich verlegt wird, habe ich ganz locker und sporadisch daran gearbeitet. Die ersten Notizen habe ich sogar schon vor 7 Jahren geschrieben. Mittlerweile hat sich in der deutschen kulinarischen Szene einiges verändert.
Viele dieser Veränderungen haben mit der Abwertung des Dollar gegenüber der Mark zu tun. Obwohl dieser Schwindel meistens negative Auswirkungen für die Deutschen hat, gibt es doch mindestens eine positive Seite: Mehr und mehr amerikanische Lebensmittelprodukte werden auf dem deutschen Markt angeboten. Vor allem Chili-Bohnen, Relish und auch (aber nicht zu empfehlen) Salatsoßen. HEINZ Ketchup (Gott sei dank!) war schon immer da!

Es werden auch viele typisch amerikanische Gerichte in deutschen Restaurants angeboten, die vor 7 Jahren selten zu finden waren. Beispiele sind Spare Ribs, T-Bone-Steaks, Mais-

kolben, Baked Potatoes usw. Wahrscheinlich das beste Beispiel ist Chili con carne, das in vielen (Nürnberger) Restaurants auf der Speisekarte zu finden ist. Bei vielen Wohngemeinschaften in Nürnberg ist dieses Gericht zum Begriff geworden, vor allem wenn die Kasse echt knapp ist.
Ich bin nicht so eingebildet zu glauben, daß das AMI-KOCHBUCH diesen Trend beeinflußt hat, es ist einfach ein ganz natürliches und positives Ergebnis, das heißt, die Deutschen haben endlich „das größte Geheimnis der Nachkriegszeit" entdeckt, nämlich daß es DOCH eine amerikanische Küche gibt.
Das Endergebnis ist, daß manche meiner Erklärungen über Rezepte, Zutaten und Gewürze nicht mehr so wichtig sind wie damals. In manchen Fällen habe ich die nötigen Korrekturen vorgenommen, aber in vielen anderen habe ich den alten Text beibehalten, weil ich glaube, daß er den oben genannten Trend auf interessante Weise beschreibt. Ich hoffe, du bist damit einverstanden.
Aber, bevor wir den Herd einschalten, ein Wort über Rezepte – um mein Gewissen zu erleichtern und um die Platte warm zu halten! Jeder Depp kann Rezepte von anderen Büchern kopieren. Nur die Anordnung verändern und ein paar Veränderungen hinzufügen, und voilà – man hat ein Kochbuch! Das bezeichne ich als Betrug!
Aber andererseits, wie kann man „Originalrezepte" veröffentlichen? In dem Moment, wo jemand Salz in die Hand nimmt, ist doch das Rezept nicht mehr 100%ig „original". Klar – oder?
Hier wurde jedenfalls ein Versuch gemacht, Rezepte von „Professionellen" zu vermeiden (was ist denn auch hochtrabender und irritierender als ein Experte?). Meine Rezepte stammen aus folgenden Quellen:

**1.**

Gerichte, die ich als Gast in einem amerikanischen Haus gegessen und deren Rezepte ich von der Gastgeberin erbeten habe.

**2.**

Rezepte, die ich gelernt, ein wenig geändert habe, und die ich seit vielen Jahren verwende, also meine eigenen „Versionen".

**3.**

Für die Gäste, die mir in den letzten Jahren so geschmeichelt und mich immer wieder über meine „Geheimtips" ausgefragt haben – tragen einige Rezepte die Titel „T.D.", „Tony", „Tiger" oder „Big Daddy" – und diese sind, soweit möglich, meine eigene Schöpfung.
Ich habe ausschließlich Rezepte ausgesucht, bei denen die Zutaten in deutschen Geschäften erhältlich sind. In fast allen Rezepten, bei denen Dosenzutaten aufgeführt sind, wäre es ganz leicht, sie durch frische zu ersetzen. Ich habe mich nie richtig daran ge-

wöhnen können, nach deutscher Art die zu verarbeitenden Mengen in Gramm anzugeben. Ich finde das amerikanische System viel einfacher und schneller, wobei auch trockene Zutaten nach „Tassen“ gemessen werden. Eine große Tasse entspricht dabei etwa einem Viertelliter.
Bei manchen Zutaten habe ich oft nicht haargenaue Maße angegeben, und das mit Absicht, weil es einfach nicht nötig ist (denn Kochen soll Spaß sein und kein Streß!). Am Ende muß man sowieso abschmecken und nachwürzen – oder? In allen Fällen, wo es notwendig ist, präzise zu messen, habe ich das betont.
Also dann, liegen die Dosenöffner bereit?

Auf geht's zum Kochen!

..aber ganz sicher ist ER das!..
J.R.

# Tex-Mex

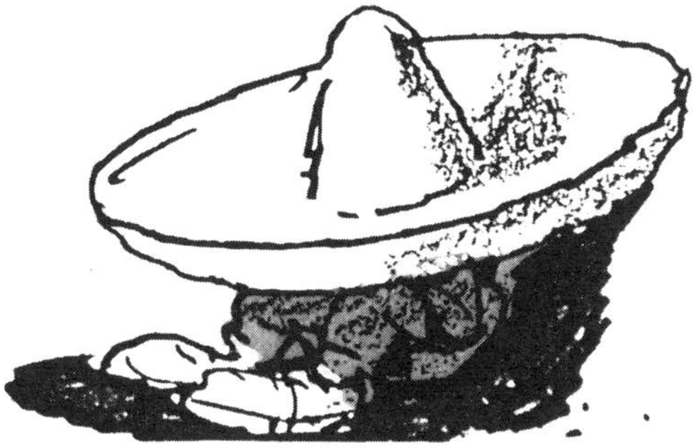

Um ein bezeichnendes Beispiel rein amerikanischer Schöpfung zu geben, eines, das nicht von irgendeinem anderen Teil der Welt ausgeliehen ist: Ich denke an ein amerikanisches Gericht, genannt „Chili con carne". Ein Eintopfgericht, das sicherlich aus der Gegend vom jetzigen San Antonio, Texas, gekommen ist. Chili kennt man als ein „Tex-Mex"-Gericht. Das stimmt, weil San Antonio einst zu Mexiko gehörte. Dabei lebten dort die gleichen Amerikaner, deren Nachkommen jetzt diese Gegend bevölkern, und das Chili, das da entstand, ist eine amerikanische Schöpfung. Die Zutaten sind ebenfalls rein amerikanisch:

Das Hauptgewürz bildet milder Chilliepaprika (Chillie coronados), der auf dem amerikanischen Kontinent schon zur Zeit aztekischer Zivilisation bekannt war. Dazu kommt noch Cumingewürz, das von jüdischen Bewohnern der Kanarischen Inseln, die sich am 9. März 1731 in San Antonio niederließen, mitgebracht wurde. Zu der Zeit wurde Oregano allgemein als Gewürz verwendet. Vielleicht haben es Mönche, die in dieser Gegend in Klöstern arbeiteten, aus Italien eingeführt. Allerdings ist es wahrscheinlicher, daß es sich um eine heimische Oreganopflanze handelte, die dort wild wuchs.

Wie in den meisten anderen Gebieten von Amerika gab es in alten Zeiten viele arme Menschen, die die zähesten Stücke Fleisch essen mußten. Die oben genannten Gewürze wurden mit Tomaten und gehackten Fleischstücken zusammen Stunden gekocht. Das Ergebnis: Chili con carne, d.h. Chili mit Fleisch.

Interessanterweise trug ein Deutscher sehr viel dazu bei, Chili auch in anderen Gegenden Amerikas populär zu machen. Sein Name war Gebhardt, ein Deutscher, der von Neubraunfels nach San Antonio emigrierte und schließlich das Chilipulver entwickelte und produzierte. Das gemahlene Chilipulver machte es möglich, daß der Gebrauch des köstlichen Chilipfeffers überall in den Vereinigten Staaten billig und verbreitet ist. In Deutschland wird dieses Gewürz als „Mexikanisches Chiligewürz" verkauft.

Heute gibt es in Amerika fast niemand, der nicht sein bevorzugtes Chilirezept hat! Sogar in den Zeitungen erscheinen regelmäßig Artikel über das Kochen und Essen mit Chili.

Eine interessante Entwicklung ist ein Chili-Kochwettbewerb, der jedes Jahr in Texas veranstaltet wird! Im letzten Jahr wurden über 15000 Menschen von dieser Veranstaltung angezogen. Auch wenn nicht alle

Wettbewerbsteilnehmer waren, so konnten doch alle an den Aktivitäten teilnehmen. Wie z. B. Essen, Lachen, Prahlen (typisch amerikanisch – oder?), Lügen – und Tequila trinken! Die Kleidung bestand vorwiegend aus Jeans, Cowboyshirts und Stetsonhüten! (Praktisch vorgeschrieben!)

Aus diesem einen Wettbewerb – der erste wurde etwa im Jahre 1966/67 abgehalten – entwickelten sich ähnliche Veranstaltungen in mindestens 34 anderen Staaten. Zweifellos ist Chili das „All-American"-Essen und erscheint deshalb auch in diesem Buch als erstes Rezept!

## Tony Tip

Warnung! Man sollte von vornherein den Unterschied zwischen den Wörtern „Chili" und „Chillies" deutlich verstehen.
„Chili" (con carne) heißt das Gericht. Mex. Chili-Gewürz ist eine Mischung aus milden Chillies coronados, Oregano, Knoblauch und Cumingewürz.
„Chillies" heißen eine ganze Reihe (über 250 Variationen) von Paprikaschoten – von sehr mild bis gefährlich scharf. Cayenne ist sicherlich die schärfste von den scharfen.
Wer sich irrt und schmeißt etwa drei Eßlöffel Cayenne anstatt Chili-Gewürz in seinen Topf, kann gut eine Explosion erwarten!

## Tony Tip 2

Cumin, auf gut Deutsch hießt "Kreuzkümmel" oder auch "Römischerkümmel".

# Sue Eastwood's ‚Lean Mean' Chili (6 bis 8 Portionen)

Ich habe versucht, ein annähernd „originales" Rezept zu finden! Darüber korrespondierte ich mit einer interessanten und intelligenten jungen Dame aus San Antonio, Texas. Mrs. Eastwood ist Hausfrau, Schriftstellerin, Dozentin am College in San Antonio, studiert begeistert die Geschichte von San Antonio und Texas, und sie kann ganz besonders gut Chili kochen. Sie glaubt fest daran, daß sie ihr Chili nach dem Originalrezept zubereitet, weil sie nur solche Zutaten benutzt, wie man sie schon vor 100 Jahren in Texas kannte.

Jeder, der Sues Rezept ausprobieren will, sollte die scharfen Gewürze erst einmal auf die Hälfte reduzieren und sehr vorsichtig abschmecken! Jeweils mit sehr kleinen Mengen nachwürzen und immer wieder abschmecken, bis die gewünschte Schärfe erreicht ist! Für Sue ist die richtige Schärfe für ein „mildes Chili" erreicht, wenn sich einem eine Minute nach dem Abschmecken Schweißperlen unter der Nase bilden. Wer das Rezept zu umständlich findet, muß nicht ohne diese köstliche Mahlzeit leben. Die folgenden Versionen sind einfacher – und wenn auch nicht ganz so original, schmecken sie genauso gut!

Weiter empfiehlt Sue, daß man Tortillas (dünne Maispfannkuchen) oder Maisbrot (s. Kapitel „Soul Food") zum Chili serviert. Ich mag am liebsten Maisbrot dazu. Das macht nämlich andere Beilagen – außer Salaten – überflüssig.

Abbitte an Sue: Ich war gezwungen, ihr „Originalrezept" ein wenig zu verändern. Verschiedene Zutaten und Gewürze, die sie verwendet, sind in Deutschland nicht aufzutreiben.

Sue besteht darauf, daß in ihren Chilitopf nur Cumingewürz, geschrotete Chilliepaprikas, Oregano und mit dem Messer geschnetzeltes Fleisch vom Rind, Schwein oder Reh kommen. Allerdings sind Hackfleisch und Bohnen streng verboten.

Sue nimmt immer sehr mageres Fleisch, aber ich finde, etwas Fett gehört zum Chili. Du kannst ja beides ausprobieren.

Zuerst erhitzt man in einer Bratpfanne:

Pflanzenöl und
1 gehackte, mittelgroße Zwiebel
Wenn die Zwiebel gedünstet ist, gibt man sie in einen tiefen Topf und fügt hinzu:
1 Dose (ca. 300 g) geschälte italienische Tomaten
1 Dose (ca. 150 g) doppeltkonzentriertes Tomatenmark
und läßt das ganze ziehen. In der Bratpfanne werden zur gleichen Zeit folgende Fleischsorten angebraten und dann auch in den Topf gegeben:
½ Pfund Rehfleisch in 1 cm große Stücke geschnitten
½ Pfund mageres Rindfleisch – genauso zubereiten wie das Wild. (Es kann aber auch 1 Pfund Rindfleisch ohne Wild verwendet werden – mit fast dem gleichen Erfolg.)
Danach wird folgendes alles auf einmal in den Topf gegeben:
1 scharfe Paprikaschote (Peperone), gehackt
1 Würfel Rindsbouillon
2 Eßl. Cumingewürz
½ Eßl. Majoran
1 Eßl. Oregano
2 gedrückte oder fein gehackte Knoblauchzehen
1–2 Teel. Cayennepfeffer, geschrotet
2 Eßl. mexikanisches Chiligewürz
Etwas Muskatnuß
Wasser so viel, daß die Zutaten ungefähr 1½ cm bedeckt werden.
Dies alles muß nun schmoren, bis das Fleisch weich ist, ca. 1 bis 1½ Stunden.
Separat in eine Tasse oder Schüssel gibst du
1 Eßl. Mehl (empfehlenswert wäre Maismehl vom Reformhaus)
¼ Tasse Wasser
und mixt das zu einer Paste. Diese Paste rührst du langsam unter das Chili und läßt alles nochmals 15 Minuten kochen.
Als Beilage reiche man grob geriebenen Hartkäse und grob gehackte Zwiebeln, die man über das Gericht streuen kann.

Anmerkungen:

1. Sue nimmt immer die trockenen Schoten, die man aushöhlen und danach in Wasser ziehen lassen muß. Sie werden dann gehackt und in den Topf gegeben. Diese Schoten heißen „Jalepino Peppers“ und sind so scharf, daß es gefährlich ist, die Hände während der Vorbereitung nahe an Augen, Nase oder Mund zu bringen! Sue findet das sehr wichtig, wenn man „originales“ Chili kochen will! Weil die „Jalepino“ in Deutschland nicht vorhanden sind, habe ich statt dessen geschroteten Cayennepfeffer vorgeschlagen.
2. Chili con carne läßt sich leicht in großen Mengen kochen und ist im Tiefgefrierfach Monate haltbar.

# Tony's Famous ‚Tiger' Chili

(6–8 Portionen)

In einem großen, gußeisernen Topf erhitze man

Reines Pflanzenöl (den Boden etwa ½ cm hoch bedeckt)
4 mittelgroße Zwiebeln, grob gehackt, dazugeben und gelb werden lassen.
Dann
½ Kilo Tigerfleisch sorgfältig anbraten.
Dann gleichzeitig dazugeben:
2 Dosen (je 800 g) geschälte Tomaten
2 kleine Dosen doppeltkonzentriertes Tomatenmark
½ Flasche Bier (am besten dunkles oder Bockbier)
Etwas Salz (keinen Pfeffer)
1 Teelöffel Tabascosoße
2–3 gehäufte Eßlöffel mexikanisches Chiligewürz

Die Tomaten mit einem Holzlöffel zerdrücken. 25 bis 35 Minuten auf kleiner Flamme kochen lassen und abschmecken. Man kann zusätzlich bis zu 2 Eßlöffel Chiligewürz (Pulver) dazugeben. Das Chiligewürz ist mild – man sollte eher zuviel als zuwenig davon nehmen. Der Chiligeschmack sollte dominieren!
Dann:
3–4 Dosen (je 400 g) Kidney beans (rote mexikanische Bohnen) in ein Sieb schütten und sorgfältig waschen (wichtig!) und mit 1 Dose Maiskörner (ca. 250–350 g) zusammen in den Chilitopf geben und alles noch einmal 10–20 Minuten ganz leicht kochen lassen.

Maisbrot sollte mit auf den Tisch. Auch ein gutes französisches Stangenweißbrot wäre zu empfehlen.

**TonyTip** Wenn dein Metzger vorübergehend kein Tigerfleisch hat, kannst du auch gemischtes Hackfleisch verwenden!

# Houston woman wins 9th world chili cookoff

TERLINGUA, Tex. (AP) — Susie Watson of Houston sat by the fire in this desolate West Texas ghost town Saturday and concocted a Mother Gonzo's Pineal Special to win the ninth annual World Championship Chili Cookoff.

Chili is a Texas dish made of beef, hot jalapeno peppers and other ingredients which soften but do not erase the original flavor.

"All I can say is I'm glad a woman won," said Aleghani Jane Schofield, the defending world chili champion. Schofield broke the male monopoly last year.

**Pineal glands made the difference**

Watson said her secret ingredients were pineal glands, a special accent derived from pine tree cones. She won over a field of 25 other contestants including her husband, T.S. Watson.

She was given a jalapeno pepper necklace and a wooden airplane propeller.

The event attracted a crowd of nearly 15,000 to this far West Texas area near the Mexican border.

Terlingua Mayor David Witts, a Dallas attorney, called the affair "the last good spoof in the state and maybe in America. It's an adult Woodstock."

**Frau aus Houston gewinnt die 9. Weltmeisterschaft im Chili-Kochen**

TERLINGUA (Texas) (AP): Susie Watson aus Houston saß in dieser westtexanischen Geisterstadt und zauberte am offenen Feuer ein Gericht mit dem Namen „Mother Gonzo's Pineal Special" und gewann damit die 9. jährliche World Championship Chili Cookoff.

Chili ist ein texanisches Gericht aus Rindfleisch, scharfen „Jalapeno"-Paprikaschoten und anderen Zutaten, die den Paprikaschotengeschmack zwar mildern, aber nicht verändern.

„Ich kann bloß sagen, daß ich mich freue, daß wieder eine Frau gewonnen hat", sagte Aleghani Jane Schofield, die Siegerin vom vorigen Jahr. Schofield hatte beim letzten Wettbewerb das männliche Monopol gebrochen…

**Pinienkerne:**

Frau Watson sagte, ihre Geheimzutat seien Pinienkerne. Sie hat ihren Titel gewonnen gegen eine Konkurrenz von 25 anderen Wettbewerbern einschließlich ihres Mannes, T. S. Watson.

Als Preis bekam sie eine Jalapeno-Paprikaschoten-Kette und einen hölzernen Flugzeugpropeller.

Die Veranstaltung hatte ca. 15000 Zuschauer zu diesem weit westlichen texanischen Ort, der fast an der mexikanischen Grenze liegt, gelockt.

Der Bürgermeister von Terlingua, David Witts, ein Rechtsanwalt aus Dallas, hat die Veranstaltung als den „größten Spaß in Texas und in den USA" bezeichnet…

# Major Carpenter's Chili

Vor kurzem, als ich geschäftlich in der William-O'Darby-Kaserne in Fürth zu tun hatte, traf ich einen recht stattlichen Amateurkoch, der mir dieses besondere Rezept vermachte! Da man dafür keine Bohnen braucht, meine ich, könnte man es besonders gut mit Reis oder Spaghetti anrichten.
Das Rezept reicht für gute 8 Portionen!

2 Pfund Rinderhack (oder Rinderbraten in Würfel gehackt)
½ große Tasse gehackte Zwiebeln
1 gehäufter Teelöffel Salz
1 gehäufter Teelöffel süßes Paprikapulver
1½ Eßlöffel Cumingewürz
¼ Teelöffel Knoblauchgranulat (oder ein Stückchen, gehackt)
7 Eßlöffel (mildes) Chiligewürz
evtl. 1 Teelöffel Cayenne-Pfeffer
1 Dose (ca. 800 Gramm) geschälte Tomaten
800 ml Wasser

Fleisch und Zwiebeln in wenig Pflanzenöl anbraten. Alle anderen Zutaten dazugeben, abdecken und 1½ Std. schmoren lassen. Dann 3 Eßlöffel Mehl in wenig Wasser verquirlen – dann langsam in das Chili einrühren. Laß das alles noch ½ Stunde schmoren, und dann servieren!

# Liz Skinner's Chili

Liz ist eine sehr charmante junge Dame (wie könnte es auch anders sein), die lange Zeit in Dallas, Texas, gelebt hat. Deshalb ist sie selbstverständlich Chili-Expertin! Sue Eastwood und ich sind in ihren Augen „bloß Amateure" – denn natürlich versteht sich nur „jemand aus Dallas" auf die wirkliche Chilikochkunst – oder?

Für 8 Portionen nimmt man einen großen Topf und erhitzt darin etwas Fett oder Pflanzenöl. Dann:
1 kg Hackfleisch
4 Teel. frisch gehackten Knoblauch
anbraten. Dann:
⅓ Tasse mexikanisches Chiligewürz (Pulver)
2 Eßl. Mehl (am besten Maismehl)
2 Teel. Cumingewürz daruntergrühren und ein paar Minuten mitkochen lassen.
3 Tassen Wasser dazugeben und mit Pfeffer und Salz abschmecken.
Etwa 35 Minuten schwach kochen lassen.

# Tortillas & Tostados

12 Tortillas –
je ca. 20 cm Durchmesser

Ich bekam dieses Rezept von einem jungen Armee-Ehepaar, das in Zirndorf gewohnt hat. Die Frau hatte von ihrer Mutter einen großen, flachen Stein, mit einer Mulde in der Mitte. Lange Jahre hatte ihre Mutter getrocknete Maiskörner darauf zerrieben. Jetzt hat die Mutter eine elektrische Mühle ... Nur die moderne, junge Tochter hütet noch den Stein und sehnt sich nach den „good old days“ (siehe „Soul Food“).
Die „Experten“ sagen, daß man Maismehl verwenden sollte, während meine jungen Freunde meinen, daß einfaches Mehl genauso gut ist.

Zu verrühren:
4 Tassen Mehl
2 Teel. Backpulver
1 Prise Salz
2 Eßl. zerlassene Butter oder Öl
etwas Wasser

Zutaten zu einem trockenen Teig verkneten, in Stücke brechen und auf einem mehlbestäubten Brett zu kleinen Fladen ausrollen. Ohne Fett in einer Pfanne kurz backen – ca. 1 Minute pro Seite langt!

Das ist das spanisch-indianische Amibrot, das man meistens zu Fleisch und zu allen Eintöpfen ißt. Zu Chili paßt es ausgezeichnet, und man kann am Schluß noch mit einigen Brocken den Rest aus der Schüssel streichen.

Tostados:
Wenn man die Tortilla ein bißchen in wenig Fett ausbäckt, wird sie zum knusprigen Tostado, den man wie Tortillas ißt – also dann „Tex-Mex-Toast“.

## Tony Tip

In Mexiko besteht ein traditioneller Glaube: Wenn ein Mädchen seinen Tortilla-Teig auf seinem inneren Schenkel (wo das Fleisch zart und weich ist) rollt und diese Tortilla einem jungen Mann serviert, dann verliebt sich der unsterblich in sie!
Wir modernen und fortschrittlichen Menschen glauben natürlich solche Märchen nicht.

# Tacos – ‚Tex-Mex Sandwich'

„A meal in the hand" oder „the Tex-Mex Sandwich" ist in den USA heute so verbreitet wie Bratwürste in Deutschland.
Man nimmt wahlweise Tortillas oder Tostados, rollt sie zu einer Tüte zusammen und füllt sie mit den verschiedensten Zutaten. Es würde den Rahmen dieses Buches sprengen, wenn ich mich mit der Vielzahl der Füllungen beschäftigen wollte, wozu Fisch, Bohnen, Fleisch, Soßen usw. gehören. Am beliebtesten dürfte dabei wieder die Chilifüllung sein (ohne Bohnen).
Auf den Tisch gehören Schüsseln mit scharfem, gehacktem Cheddarkäse, kleingeschnittenem Salat, aufgeschnittenen Tomaten und verschiedene milde und scharfe Soßen. Jeder Gast dreht sich seine Tortillatüte selber und füllt sie sich je nach Lust und Laune.
Das macht Spaß, ist leicht für den Gastgeber und kann eine Köstlichkeit sein.

# Biancas Taco-Füllung

Diese „Tex-Mex-Lady", die mit ihrem Mann in Schwäbisch Hall wohnt, empfiehlt dieses „Keep it simple"-Rezept: Du brauchst ca. 50 g Hackfleisch pro Taco.

In einer großen Bratpfanne brate Hackfleisch (ziemlich mager),
Dann gib je nach Geschmack hinzu:
Gehackte Zwiebeln
Knoblauch, gehackt
Salz + Pfeffer
Oregano
Wenn du willst, ein bißchen Chilipulver
Laß es noch ein paar Minuten braten, bis die Gewürze gut in das Fleisch eingezogen und die Zwiebeln glasig geworden sind.

1. Backen

2. Tasche formen

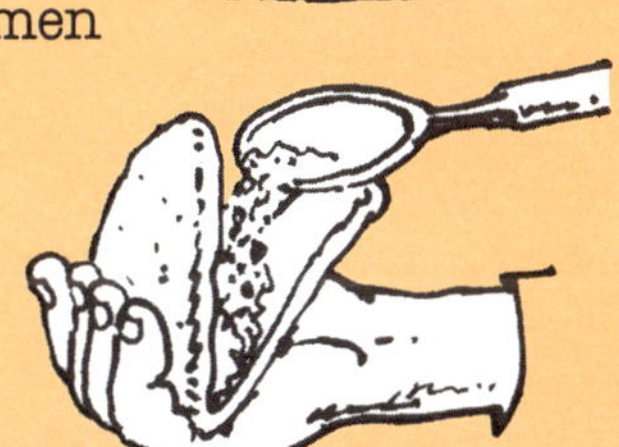

3. Füllen

# Spanish Rice à la Bianca

Das ist eine ausgezeichnete Beilage für fast alle mexikanischen Gerichte und kann auch als Taco-Füllung genommen werden.
Der Trick dabei ist, den rohen Reis in Fett zu braten, bis er dunkel wird, aber nicht angebrannt. Das erfordert ständige Aufmerksamkeit und dauerndes Umrühren. Benütze nach Möglichkeit eine gußeiserne Bratpfanne, wenn du eine hast.

Als Beilage für 4 Personen
1 Tasse Reis – (ungekocht)
3–4 Eßlöffel Fett (Öl, Margarine, Butter)
Über mittlerer Hitze braten lassen, bis der Reis braun wird.
Dann:
1 Zwiebel, fein gehackt
2 Zehen Knoblauch, gehackt (oder Knoblauchpulver)
1 Dose (ca. 450 g) geschälte Tomaten, zerdrücken
3–4 Tassen Wasser
Ungefähr 15 Minuten kochen lassen.
Dann:
Petersilie
Oregano
Salz und Pfeffer
(wie üblich) Chilipulver
Noch 10–12 Minuten schmoren lassen, bis die Flüssigkeit ganz verdunstet und der Reis „gar" ist.

# Mexican Corn Bread

Mexikanisches Maisbrot

Zuerst bereitest du einen Brotteig, wie das Rezept „Corn Bread“ im Kapitel „Soul Food“. Danach gibst du die Hälfte des Teiges in eine Backform und bedeckst ihn sorgfältig mit:

1 kleinen Dose Maiskörner (ohne Dosenflüssigkeit)
½–1 Tasse scharfem, geriebenem Cheddarkäse oder Edamer
2–3 gehackten Pfefferoni oder gehackten Chillies.
Nun füge den Rest des Teiges hinzu und backe das ganze.

# Corn

Mais

Sicherlich hätte sich die Zivilisation des Westens nicht entwickelt, wenn es nicht die Entdeckung und den Anbau von Weizen gegeben hätte. Die biblische Geschichte über die 7 fetten und die 7 mageren Jahre ist jedenfalls mehr als nur eine Fabel oder eine Kindergeschichte. Denn von der damaligen Zeit bis heute war der Weizen das Hauptnahrungsmittel für die westliche Zivilisation. In weiter östlich gelegenen Ländern war das Haupterzeugnis sicher der Reis, ergänzt durch Sojabohnen.
Jedoch wissen die wenigsten Menschen, daß ein großer Teil der Weltbevölkerung von einem ganz und gar anderen Korn als Hauptnahrungsmittel abhängig war – vom Mais. In Südamerika wurde Mais nachweisbar bereits im 6. Jahrtausend v. Chr. angebaut und gegessen. Wegen seiner einfachen Züchtung, den guten Lagermöglichkeiten und wegen seines relativ hohen Nährwertes wurde Mais in vielen Teilen der Neuen Welt zum Grundnahrungsmittel.
Zur Zeit der Kolonisierung Nordamerikas ersetzte Mais in erster Linie Weizen und Kartoffeln. In verschiedenen Gebieten der südöstlichen USA entstanden daraus natürlich viele verschiedene und interessante Menüs.
Einige dieser Rezepte findest du im Kapitel über „Soul Food“: Grütze, „Hush Puppies“, Maisbrot u. a.
Nach Europa kam der Mais als Futter für die Tiere, und deshalb denken auch viele Deutsche, die Amerikaner würden den gleichen kleinen, harten, runzligen, saftlosen und geschmacklosen Maiskolben essen, der hier an Tiere verfüttert wird.
Nichts könnte weiter von der Wahrheit entfernt sein. Viele Jahre lang machten amerikanische Wissenschaftler Züchtungen und Kreuzungen und entwickelten schließlich Maisähren, die 15–20 cm lang sind. Sie haben einen so fruchtigen Kern, daß sie fast zu platzen scheinen vor lauter Flüssigkeit. Es gibt also absolut keine Ähnlichkeit zwischen diesem Mais, entdeckt, gezüchtet und geerntet für die menschliche Ernährung, und dem Maiskolben, der als Futtermittel verwendet wird!
Einige ältere Deutsche glauben immer noch, die Amerikaner würden den ganzen Kolben essen und nicht nur die Körner davon. Ich muß leider gestehen, daß es uns trotz des amerikanischen Erfindungsgeistes, unserer technischen Fähigkeiten, unserer wissenschaftlichen Bemühungen und trotz 200 Jahre langer gemeinsamer Erfolge nicht gelungen ist, eine Maisähre zu züchten, bei der der ganze Kolben eßbar ist.
Diese Kolben sind jedoch sehr nützlich für andere Zwecke; denn zu einem Grillfest im Wald brennen sie gut und geben für ein Lagerfeuer wunderbare Helligkeit und Wärme. In den

südlichen Vereinigten Staaten war es sogar einmal Brauch, einen gußeisernen Topf auf der Veranda oder im Hof stehen zu lassen, gefüllt mit Petroleum ... Abgenagte Maiskolben wurden dann in das Petroleum gegeben und dort gelassen, bis sie gebraucht wurden. So ein mit Petroleum vollgesaugter Maiskolben kann prima als Anzünder für einen großen Holzhaufen im offenen Kamin verwendet werden.

Es folgen einige Rezepte, für die in den Vereinigten Staaten Mais (meist aus Konserven) benutzt wird.

**Tony Tip** Motz mich bitte nicht an! Da es selten zarten, frischen Mais in Deutschland gibt, bin ich gezwungen, hier ausschließlich Dosenmais zu empfehlen.

# Corn on the Cob

Maiskolben

Ein einfacheres Rezept gibt es wirklich nicht.

Koche frischen oder gefrorenen, süßen Mais in viel klarem, leicht gesalzenem Wasser ca. 5–7 Minuten. Die Kolben mit viel Butter bestreichen, ein wenig Salz daraufstreuen und mit den Fingern essen!

Das ist eine lustige Mahlzeit, die auch gut zum Grillen paßt und als Snack für die späte Nacht geeignet ist.
In Kochbüchern habe ich gelesen, daß Mais in Milch gekocht werden sollte! Ich habe das nie ausprobiert – nicht in den 34 Jahren, die ich in den USA verbracht habe, aber ich kann es mir leicht vorstellen!
Maiskolben können auch über einem offenen Feuer gegrillt werden. Nach meinem Geschmack werden dabei jedoch die Ähren ausgetrocknet, und der Geschmack wird zu sehr verändert.
Ich habe mit Schrecken festgestellt, daß man in Deutschland zum Maiskolben meistens gewürzte Butter ißt, z. B. mit Knoblauch. Ich finde es aber schade, den guten Maisgeschmack so zu verderben.

# Corn Chowder

„Chowder" ist eine dickflüssige Suppe und enthält immer Milch. Ein richtiges „Chowder" enthält auch immer Fisch, vor allem aber Muscheln.
Aber niemand sollte immer vollkommen sein wollen (einverstanden?), und so ist dieses Rezept eine delikate Ausnahme.
Als Hauptgericht für 6 normale Menschen oder 4 verfressene Typen lasse 20 Minuten in einem großen Topf kochen:

2 Kartoffeln, geschält und in Würfel geschnitten
Salzwasser zum Bedecken
Währenddessen brate in einer kleinen Pfanne
½ gehackte Zwiebel in
2 Eßl. Butter
an und gib es zu den Kartoffeln in den Topf.
Dann:
2 Tassen Maiskörner aus der Dose (ohne den Saft)
2 Tassen Milch
½ Tasse süße Sahne
Salz und Pfeffer
mit Paprikapulver abschmecken
1 Prise Thymian
Laß dies nun 20 bis 30 Minuten schmoren.

Mit dunklem Brot oder italienischem Knoblauchbrot servieren (s. Kapitel „Italo-Ami").

# Succotash

Bohnen-Mais-Gericht

Bis ich mit dem Wahnsinn begann, für dieses „kleine" Kochbuch einiges zu sammeln, hatte ich nie Succotash, außer natürlich aus der Dose, gesehen. Ja, und da das Dosenprodukt hier in Deutschland nicht verfügbar ist, war es nötig, ein Rezept herauszufinden. Bei meinen Nachforschungen erfuhr ich, daß dieses Gericht eines der ältesten und originellsten Amerikas ist. Unsere allerersten Siedler sahen es bei den Indianern und kopierten es.
Zu Hause aßen wir dieses Gericht immer als Beilage zum Fleisch. Aber es eignet sich auch ausgezeichnet als

Hauptgericht – weil Bohnen und Mais zusammen ein hochwertiges Eiweiß ergeben.
Das folgende Rezept ist meine eigene „Kompromißversion“ aus verschiedenen Büchern und Anregungen!
Als Beilage für 4 Personen.
In einer nicht eingefetteten Gußform anbräunen:

**TonyTip** Für Vegetarier und Kalorien-Zähler kann ein gutes Succotash ohne Schweinefleisch gemacht werden! Statt dessen gibt man etwas Margarine und Öl dazu!

250 g Schweineschulter, in große Stücke geschnitten
1 gehackte oder geriebene Zwiebel
Dann hinzufügen:
2 Dosen (ca. 400 g) Limabohnen (mit der Dosenflüssigkeit)
Genügend Wasser zum Bedecken
Und das ganze läßt du dann leicht kochen, bis das Fleisch weich ist.
Dann dazugeben:
1–2 Dosen (ca. 400 g) Maiskörner (ohne den Saft)
Salz, Pfeffer und Thymian
1 Schuß Tabasco
Alles dann noch 10–15 Minuten kochen lassen.

# New Orleans Creole Corn

(Beilage für 4)

In einer großen Pfanne oder in einem großen Topf brate:

1 mittelgroße, gehackte Zwiebel
½ grüne Paprikaschote, in Streifen geschnitten
Butter oder Margarine
Wenn es weich und fast durchsichtig ist, füge hinzu:
1 Dose (ca. 400 g) Maiskörner
1 Dose (ca. 400 g) geschälte italienische Tomaten (etwas zerdrücken)
Salz und Pfeffer
Das ganze leicht kochen lassen, bis es durchgewärmt ist.

# Pennsylvania ‚Dutch‘ Succotash

Man liest sehr oft von dem „Krieg“ zwischen den einheimischen Indianern und den europäischen Einwanderern in den USA damals. (Was wäre John Wayne ohne die Indianer gewesen?)
Was man jedoch selten liest, ist, daß die Indianer am Anfang ein friedliebendes und hilfsbereites Volk waren, vor allem in dem Gebiet, das wir heute Pennsylvania nennen. Deshalb gibt es mehrere Rezepte wie dieses mit einem starken indianischen Einfluß.

Die sogenannten „Pennsylvania Dutch“ waren tatsächlich Deutsche! Die deutschen Mähren, Mennoniten und andere, die sich in diesem Gebiet angesiedelt haben, beeinflußten auch die amerikanischen Eßgewohnheiten. Ein gutes Beispiel ist diese Ausschmückung des rein indianischen Succotash (als Hauptgericht für 6–8 Personen):
Brate in einem großen Topf 5–7 Minuten:

2 Eßl. Butter oder Schweinefett
2 gehackte Zwiebeln
1 gehackte grüne Paprikaschote
und füge hinzu:
1½ große Tassen gewürfelte Kartoffeln
und bedecke dann das ganze mit ungefähr ¼ l kochendem Wasser.
Etwa 15 Minuten kochen lassen und hinzugeben:
2 Tassen Limabohnen (aus der Dose oder über Nacht eingeweicht und vorgekocht)
Nochmals 15 Minuten kochen lassen und hinzufügen:
1 Dose (ca. 800 g) geschälte Tomaten
1 Teel. Zucker
1 Dose (ca. 400 g) Maiskörner (ohne den Saft)
Salz und Pfeffer zum Abschmecken
Noch ein Weilchen kochen lassen. Dann servieren.

# Corn & Mushrooms

Gebratener Mais & Pilze für 6 Personen

Brate in einer großen Pfanne:

1–2 Eßl. Butter
1 Tasse geschnittene frische Pilze oder
1 Dose (ca. 400–450 g) Pilze ohne Flüssigkeit
1 kleine, gehackte Zwiebel

Dann hinzugeben:
1 Dose (ca. 400 g) Maiskörner
1 Teel. Zucker
Salz und Pfeffer
Alles noch 5–10 Minuten kochen lassen und danach als Beilage servieren –

Frische Petersilie zum Überstreuen!

# Western Corn Soup

Western-Mais-Suppe

Dieses Rezept ist sehr einfach, wenn die Brühe schon vorbereitet ist oder man Hühnerbrühwürfel nimmt.

Als Hauptgericht für 4 Personen oder Vorspeise für 6 Personen folgendes 15 Minuten lang leicht kochen lassen:

1 Dose (ca. 450 g) Maiskörner (ohne den Saft)
5 Tassen Fleisch- oder Hühnerbrühe
Dann:
Salz und Pfeffer nach Wunsch
Etwas Petersilie

In einer Schüssel zu einem Teig kneten:
1 Eßl. Butter
1 Eßl. Mehl
Dann ½ Tasse der Brühe in die Schüssel geben und gut verrühren, in den Topf gießen, umrühren, und 5 Minuten kochen lassen.

# Baked Corn

In einer großen Pfanne läßt man folgendes braten:

4 Eßl. Butter oder Margarine
1 große, gehackte Zwiebel
Wenn die Zwiebel glasig geworden ist,
1 grüne Paprikaschote, gehackt,
und
1 Dose (ca. 450 g) geschälte Tomaten
dazugeben und noch 15 Minuten lang schmoren lassen.
Dann:
Salz und Pfeffer
1 Eßl. Chilipulver
2 Dosen (je ca. 450 g) Maiskörner (ohne den Saft)
Schütte die Mischung in eine Backform und lasse sie 15 Minuten bei 220° Hitze backen.
Dann streue 1 Tasse grob geriebenen Emmentaler oder eine andere Hartkäsesorte darüber und lasse es noch 10 Minuten im Ofen, bis der Käse braun ist.

# Indian Corn Stew

(Indianischer Maiseintopf)

Wenn du dieses Gericht wie die Indianer zubereiten willst, mußt du die Dosen mit Steinen aufmachen, denn die Indianer konnten sich selten einen Dosenöffner leisten! In eine Pfanne oder einen Topf auf mittlerer Hitze kommt:

2 Eßl. Butter
2 mittelgroße Zwiebeln, gehackt
½ grüne Paprikaschote, gehackt
Nach ca. 5 Minuten sollte die Zwiebel gelb werden, und dann kommt rein:
500 Gramm Rinderhack.
Das brätst du bei dauerndem Umrühren, bis das Fleisch gar ist. Dann dazugeben:
1 Dose (ca. 400 g) Maiskörner
1 Dose (ca. 800 g) geschälte italienische Tomaten
2 Teelöffel Zucker
1 Teelöffel Salz
Das läßt du alles bei niedriger Hitze ca. 15 Minuten schmoren. Dann reingießen:
2 Eßlöffel Mehl mit 2 Eßlöffel Wasser verrührt
etwas süße Sahne oder Dosenmilch
In ca. 10 Minuten ist das „Original-Indianer-Gericht" fertig!

JAMAICA

# Hamburger

Vor einigen Jahren habe ich ein Buch mit dem Titel „The German Americans" gelesen, das den Einfluß, den die deutschen Einwanderer auf die Entwicklung des amerikanischen Kontinents ausübten, sehr detailliert beschreibt. Zu dieser Zeit war ich sehr beeindruckt von dem Ausmaß, in dem unsere Industrie und Wirtschaft von den Deutschen beeinflußt wurden. Laut diesem Buch hat bei einer Abstimmung des amerikanischen Kongresses nur eine Stimme gefehlt, um die deutsche Sprache als Nationalsprache einzuführen. Nach weiteren Forschungen habe ich jedoch entdeckt, daß das bloß eine Legende ist. In Wirklichkeit hat die Abstimmung in dem Philadelphia Congress von 1794 stattgefunden, und die Frage war nicht, ob die deutsche Sprache als Nationalsprache eingeführt wird, sondern ob manche Gesetze in deutscher Sprache veröffentlicht werden sollen für die deutschen Einwanderer, hauptsächlich in Virginia, die noch kein Englisch lesen konnten. Dieser Vorschlag wurde wegen einer Stimme nicht angenommen, und zwar soll der Überlieferung nach ein Deutscher namens Mühlenberg dagegen gestimmt haben... Aber trotzdem zeigt dies, wie einflußreich und wichtig die deutschen Einwanderer zu dieser Zeit in den USA waren. Mir wäre es wesentlich lieber, wenn die Legende keine Legende wäre und die deutsche Sprache eingeführt worden wäre. So hätte ich bereits in der 1. Klasse Deutsch gelernt und müßte mich jetzt nicht so bemühen, diese zwar logische, aber frustrierende Sprache zu meistern.

Meiner Meinung nach sind aber die größten Einflüsse, die die Deutschen auf die Vereinigten Staaten ausübten, nicht die riesigen Bierbrauereien in Wisconsin, nicht die Technik, die sie in die Automobil-Industrie brachten, und die verschiedenen anderen Wissenschaften im Mittleren Westen, und vor allen Dingen ist es bestimmt nicht die Gemütlichkeit, die ich überall in Deutschland finde und die die Einwanderer offensichtlich in die Staaten mitzubringen vergaßen.

Meiner Meinung nach geht der größte Einfluß auf die amerikanische Lebensweise von der einfachen deutschen Bulette aus (in anderen Teilen Deutschlands auch als Fleischküchle oder Frikadelle bekannt).

Die Amerikaner beobachteten, wie die Deutschen diesen Imbiß verzehrten – meistens mit einem bißchen Senf und Brot dazu –, und so, weil ja auch die meisten dieser Einwanderer von Hamburg absegelten, nehme ich an, daß viele amerikanische Schiffskapitäne und Segler diese Tradition in Hamburg beobachteten. Deshalb begannen die Amerikaner diesen delikaten kleinen Gegenstand „Hamburger" zu nennen. Von dieser Zeit an war die Einwirkung auf die amerikanische Lebensweise phantastisch und unvorstellbar. Ich kann mir nicht vorstellen, daß in den Staaten ein Kind von 2 oder 2½ Jahren nicht weiß, was ein „Hamburger“ ist. Na, findest du das lustig oder übertrieben? Dann überleg mal das: 1971 hat McDonald's eine „Awareness Study“ durchgeführt. Dabei wurde festgestellt, daß 96% der Ami-Kinder den Werbungsclown „Ronald McDonald“ kennen.

Man kann nur mit Schrecken überlegen, was das Wort „Kinder“ bedeutet. Haben die Meinungsforscher 1 Jahr alte, 2 Jahre alte, 3 Jahre alte Kinder gefragt? Das weiß ich nicht. Was ich weiß, ist, daß ein offensichtlich stolzer Opa von St. Louis gesagt hat: „Meine Enkelkinder konnten ‚Ronald McDonald‘ sagen, bevor sie ‚Mutti‘ sagen konnten.“ – Und ich wurde so oft gefragt, warum ich so lange und begeistert in Deutschland bleibe!!!

Große Geschäftsbereiche, die allein auf dem Hamburger basierten, wurden aufgebaut. Die McDonalds-Hamburger-Kette ist der bekannteste. Sie exportierte die Bulette (natürlich mit einem neuen Namen) zurück nach Deutschland.

Der „Hamburger“, den wir heute in den Vereinigten Staaten essen, erinnert nur noch vage an die Bulette, die vor 150 bis 200 Jahren importiert wurde. Heute gibt es schon beinahe einen Kult in den USA... Es ist ein rasender Versuch, neue Bräuche, Ideen und neue Rezepte für „Hamburger“ zu erfinden. Die meisten davon finde ich übrigens ganz delikat und erfrischend und bestimmt nicht langweilig.

Das Wort „Hamburger“ wurde so populär, daß es jetzt generell für gehacktes Fleisch angewandt wird – ob dieses Hackfleisch nun für Buletten verwendet wird oder nicht! Zum Beispiel, eine Hausfrau, die ein „meat loaf“ (falscher Hase) kochen will, kauft 500 oder 1000 Gramm „hamburger“, das aber natürlich nicht das geringste mit einem Hamburger Sandwich zu tun hat. Es ist ganz einfach nur ein Ausdruck für Hackfleisch! Hackfleisch oder gehacktes Rindfleisch, wie es heute in den Vereinigten Staaten verkauft wird, ist meistens ein billiges Fleisch mit etwas Fett und besteht in erster Linie aus einer Mischung von Rind- und Schweinefleisch. Auch wird es voll akzeptiert, wenn der Fleischer Reststücke von Kalbfleisch oder andere Kleinfleischstücke mit diesen beiden Sorten vermischt. Besonders mageres gehacktes Rindfleisch – in Deutschland ist es als Tatar bekannt – wird in Amerika als „ground steak“ oder „ground chuck“ bezeichnet.

Es gibt ziemlich viele Diskussionen darüber, was ein wirklich „echter“ Hamburger ist. Das einfachste ist, gehacktes Rindfleisch oder Tatar zu einem Fleischkuchen zu formen und zu braten. Manche geben auch Salz, Pfeffer, Knoblauch, Eier und Semmelbrösel zu dem rohen Fleisch, bevor sie es braten. Alles, bezogen auf jedermanns Geschmack, ist richtig.

Meiner Meinung nach sind Salz, Pfeffer und 1 oder 2 Eier für 1 Pfund Hackfleisch die Hauptsache. Ohne Eier als Bindematerial könnten die

Hamburger aus der Semmel fallen. Tatar ist gesünder und natürlich mehr „Luxus“ – aber ein billigeres Fleisch mit etwas mehr Fett ergibt ein saftigeres und delikateres Sandwich.
Nun sollte noch ein Wort zum Brot gesagt werden, das man für die Hamburger braucht. Generell fallen die Komplimente für das amerikanische Brot äußerst spärlich aus, vor allem im Vergleich zu den guten, so verschiedenen deutschen Brotsorten. Aber das normale deutsche Brötchen hat eine zu harte Kruste, deshalb kann es eigentlich nicht gut für einen Hamburger verwendet werden. Die Beschaffenheit des Brotes sollte so sein, daß es einen Hamburger in Sandwichform halten kann und möglicherweise auch all die verschiedenen Gewürze, die dazugehören. Stelle dir nur vor, jemand versucht in ein Sandwich zu beißen, und die Kruste des dafür verwendeten Brötchens ist hart: Die Semmel wird zusammengedrückt, und die farbenfrohen inneren Bestandteile spritzen auf der anderen Seite heraus (womöglich noch auf das schöne, weiße Kleid, das du extra für diesen Abend angezogen hast).
Eben aus diesem Grund wurde in Amerika eine absolut scheußliche, gummiweiche, geschmacklose „Plastik-Semmel“ für den Hamburger erfunden – und sie wird sogar millionenfach verkauft.
Die Semmel selbst ist ein Greuel... aber in Verbindung mit einem guten Hamburger und den richtigen Zutaten und Gewürzen, z. B. Tomaten, Salat oder Zwiebeln, wird die „Gummisemmel“ zu einem Meisterstück von Hamburger-Sandwich.
Mittlerweile gibt es diese speziellen „Hamburgersemmeln“ auch in Deutschland, und sie werden auch unter diesem Namen verkauft!
Zu dem Brotproblem kommt noch ein Thema: Hamburger und gutes Ketchup gehören zusammen wie das Salz zur Suppe. Die Deutschen blicken ja ziemlich verächtlich auf den amerikanischen „Ketchup-Konsum“ herab – sie glauben nämlich, wir hätten die gleiche süße, klebrige, übelriechende Masse, die in Deutschland sogar als Ketchup bezeichnet wird.
Das Ami HEINZ Ketchup aber ist ganz anders und ein sehr delikates Gewürz. Ich würde den großzügigen Gebrauch von europäischen „Ersatzmitteln“ nicht für Hamburger empfehlen!
Seid ihr alle da? Auf geht's zu Tony De Lisa, auf einen „Hamburger“ (Hurra!) – und wenn ihr Glück habt, findet ihr den „Big Tony“ und nicht einen „Big Mac“.

# The Basic „Burger“

(Grundrezept, 4–5 Burgers)

450 g Tatar oder Hackfleisch
1–2 Eier
Salz und Pfeffer
gut vermischen und daraus 4 oder 5 runde Fleischküchlein (ca. 1,5 cm dick) formen. Entweder in einer großen Pfanne braten oder im Backofen oder auf dem Holzkohlengrill grillen!
Je nach Wunsch und Geschmack können noch mehr oder weniger von den folgenden Gewürzen unter das rohe Fleisch gemengt werden:
4 Teelöffel Dosenmilch oder Sahne
Knoblauchsalz
Zwiebelsalz
Zwiebeln, fein gehackt
1 Schuß Tabasco oder
Worcestersauce
Sojasauce

# Ranch Burger Combination

Vor ungefähr 20 Jahren, in Daytona Beach, Florida, aß ich meistens in einer kleinen Imbißstube in der Nachbarschaft – und fast immer entschied ich mich für den Ranch-Burger!
Am Tresen – es gab keine Tische – standen immer kleine Schüsseln, gefüllt mit rohen Karottenscheiben, Stangensellerie und Oliven. Diese Beilagen und der Sound vom Brutzeln deines Ranch-Burgers auf dem Grill sind ungeheuer appetitanregend.

Hamburger-Semmel
großer Hamburger aus Tatar, medium gebraten
Bacon (Frühstücksschinken), ziemlich mager, in ¼ cm dicken Scheiben
HEINZ Ketchup nach Wunsch
Baked Potatoes mit Butter oder Sauerrahm als Beilage

Anmerkung:
Der Bacon wird immer extra angebraten oder gegrillt (auf Fließpapier das Fett abtropfen lassen). Danach wird er auf den Hamburger gegeben – und noch einige Minuten auf den Grill oder in die Pfanne, um das Ganze vor dem Servieren nochmals zu erhitzen. Hervorragend!

# The „Big T“ Burger (4–5 Burgers)

Wenn du willst, daß dir deine Gäste schmeicheln – und wenn du Freude daran hast, sie zu beobachten, wie sie sich deiner Gastfreundschaft erfreuen, dann servierst du dieses einfache Rezept vom Grill – an einem Sonntagabend im Sommer!

Statt rohes Kasseler kann man rohen Schinken verwenden. Aber rohes Kasseler ist ein Geheimtip in vielen „T.D.“-Rezepten! Ich sehe es mehr als Gewürz denn als Fleisch.
Kaufe es in sehr dünnen Scheiben und hacke es dann zu Hause selbst mit dem Messer fein.

450 g Hackfleisch
1 Ei
100 g rohes Kasseler (fein mit einem Messer gehackt) – nicht vom Metzger hacken lassen –
Zwiebelpuder (nicht Zwiebelsalz)
Salz und Pfeffer

Zu beachten ist, daß ein guter Hamburger innen rosa und feucht – nie durchgebraten – sein sollte. Ich habe gelesen, daß man in die Mitte einen Eiswürfel stecken kann, damit er nicht zu gar gebraten wird. Aber da habe ich persönlich keine Erfahrung!

# Blue Cheese Burger – „Ein Burger mit Niveau!“ (4–5 Burgers)

Sehr zu empfehlen, wenn du etwas Einfaches, aber trotzdem feinschmeckerisch Zubereitetes kochen willst.

450 g Tatar
4 Teelöffel Kondensmilch
1 Ei
Salz und frisch gemahlenen Pfeffer
4 Eßlöffel zerbröckelten Gorgonzola gut vermischen und zu 4 oder 5 Fleischkuchen formen und bei mittlerer Hitze gut braten.

**Tony Tip**

Dieser „Burger“ ist so fein im Geschmack, daß man ihn nicht mit vielen Zutaten verderben sollte. Höchstens eine dicke Scheibe rohe, milde Zwiebel – z. B. „Metzger“ oder ital. rote Zwiebel.

# Sunday ‚Burger Break'

Mein bevorzugtes Hamburger-Erlebnis für einen kühlen, sonnigen Sonntagabend – vielleicht nach einer 3- oder 4-stündigen Wanderung in den schönen deutschen Wäldern – ist folgendes:

A. Ein charmantes deutsches Mädchen als Gast[1]
B. Chopin auf dem Plattenspieler
C. Heiße Erbsensuppe (Rezept auf dieser Seite)
D. Ein „T.D."-Hamburger mit Ketchup und Zwiebeln
E. ein Pils

Dann folgt ein kleines Schäferstündchen!

F. Café Broulot oder Irish Coffee (siehe Kapitel „Breakfast")

(Natürlich, für die Glücklichen, die einen haben, vorm offenen Feuer am Kamin.) Himmlisch!

# Split Pea Soup

Erbsensuppe

(Hauptgericht für 6–8)

2 Tassen getrocknete Erbsen
über Nacht in Wasser einweichen.
Dann das Wasser weggießen und frisches kaltes Wasser dazugeben, bis die Erbsen 10–12 cm unter Wasser stehen. Dann hineingeben:
1 große Zwiebel, in Scheiben geschnitten
3 Stangen Sellerie mit Blättern, in Stücke geschnitten
1½ Pfund Schweineschulter mit Knochen. Alles kochen lassen, bis die Erbsen weich sind (3 bis 4 Stunden).
Dann Sellerie und Fleisch herausnehmen. Die Erbsen durch ein Sieb passieren oder in einem Mixer zu Püree machen.
Dann mit
Salz und Pfeffer
abschmecken.
Das Fleisch vom Knochen lösen, in Würfel schneiden und zurück in die Suppe geben.



[1] „charmant" bedeutet, daß sie intelligent genug ist, um über meine Kochkünste erstaunt zu sein!

# Wie brät man seinen Hamburger?

Am besten grillt man den Hamburger über Holzkohlen!
Es war wirklich eine schwere Entscheidung, Hamburger in eine separate Kategorie einzuordnen, da eine große Menge Hamburger in den Vereinigten Staaten im Freien auf Holzkohlen gegrillt werden ... also solltest du dich, verehrter Leser, wenn du zum Kapitel „Grilling" kommst, vielleicht daran erinnern, daß fast alle Rezepte, die ich dir hier für Hamburger gebe, wirklich viel besser sind, wenn sie über einem Grill oder einem offenen Feuer im Freien zubereitet werden. Es geht aber auch am Grill in der Backröhre. Auch gut (wenn er im Haus zubereitet werden muß) in einer schweren, gußeisernen Pfanne. Laß die Pfanne richtig heiß werden, dann ein bißchen (wenig) Butter reingeben und schnell danach die Burgers!
Der Tip ist, daß die Burgers außen schön dunkelbraun gebraten (eine Kruste wäre ideal!) und innen noch etwas feucht und rosa sind.

# Wie ißt man seinen Hamburger?

Was jemand in seinen Hamburger hineintut, ist nur die Einleitung der Kunst von dem, was er auf und mit seinem Hamburger ißt, d. h. der Hamburger allein ist nur die „Spitze des Eisbergs".
Die Verschiedenheit ist so endlos, wie der menschliche Geschmack endlos ist – aber einige „Standards" gibt es doch! Die gebräuchlichsten gebe ich hier an. Natürlich ist Salz und Pfeffer immer nach Wunsch zu verstehen.

Rohe Zwiebeln und Ketchup
Die Zwiebeln am besten in großen, dicken Scheiben, und wenn möglich, sollte es eine geschmackvolle, aber milde Zwiebel sein (wie Bermuda- oder italienische Zwiebeln). Bei einem Kaufmann in Nürnberg, Neutorstraße, habe ich eine große Zwiebel gefunden, die als „Metzgerzwiebel" bekannt ist. Metzgerzwiebeln sind delikat, mild und wunderbar für diesen Vorschlag.
HEINZ Ketchup großzügig angewandt.

Lettuce, Tomatoes & Mayo
Salat, Tomatenscheiben und Mayonnaise
Mit Mayonnaise kannst du ruhig großzügig sein, und am besten benutzt du gleich Servietten für das Tropfen (im Sonntagsgewand sollte niemand seinen Hamburger essen).

Cheeseburger
Kurz bevor der Burger gar ist, legst du eine Scheibe amerikanischen Käse darauf und läßt ihn schmelzen. Serviere ihn mit HEINZ Ketchup.
In Europa ist ein guter Ersatz für amerikanischen Käse Edamer – ich mag auch Emmentaler, und der ist bestimmt nicht typisch amerikanisch.

Cheese & Tomatoes
Käse-Tomaten-Hamburger
Auf einen bereits gebratenen Hamburger legst du eine große Scheibe einer festen, roten Tomate, Salz und Pfeffer kommen zum Abschmecken darauf, und das ganze wird dann mit einer Scheibe Käse bedeckt und noch gebraten, bis der Käse geschmolzen ist.
Das sind 4 der populärsten Kombinationen, aber – wie schon gesagt – die Variationsbreite ist endlos. Ein guter Gastgeber wird sicherlich eine Platte mit Gewürzen und Zutaten auftragen und seine Gäste ihren eigenen Hamburger „konstruieren“ lassen.

Zutaten und Gewürze für den Hamburger
Salat,
Tomatenscheiben,
Salz, Pfeffer, usw.,
HEINZ Ketchup,
Mayonnaise,
Senf,
Exotic oder Indian Relish,
Gurkenscheiben,
Zwiebelscheiben,
geräucherte Speckscheiben,
Käsescheiben,
HEINZ B.B.Q.-Sauce,
HEINZ Chilisauce,
usw.

Meiner Meinung nach sind zwei gute Hamburger mit den richtigen Zutaten und ein kleines Pils eine komplette Mahlzeit – Beilagen als Zusatz lenken nur von dem reinen Vergnügen ab!
Aber dieses Buch bezieht sich darauf, was „typisch amerikanisch“ ist – und eine Mahlzeit wie „Suppe und Hamburger“ ist in Amerika ziemlich verbreitet und eigentlich ganz normal. Ich finde diese Kombination auch sehr gesund und als Nahrung sehr ausgeglichen!
Andere übliche Beilagen zu Hamburger findest du im Kapitel „Grilling“ (z. B. Makkaroni-Salat, gebackene Bohnen, Karotten, Selleriestückchen usw.). Und natürlich, fast hätte ich ihn vergessen, den absoluten Favoriten, den Hit, die Nummer 1 der amerikanischen Beilagen für Hamburger – Pommes frites und HEINZ Ketchup!

# Pita-Pizza-Burger

In Amerika wird endlos debattiert, ob der Hamburger oder die Pizza der beliebteste Imbiss ist. Natürlich könnte man auch debattieren, ob dieses Gericht hier tatsächlich ein „Burger" ist oder schlicht und einfach eine „Pizza" – aber das ist ja „Wurssscht" – es schmeckt einfach fantastisch! Also Schluß mit dieser sinnlosen Debatte und ab in die Küche, um einen Pita-Pizza-Burger zu basteln und ihn anschließend zu genießen:

Zuerst ein **Pita-Brot** beim Türken um die Ecke kaufen. Schneide es horizontal durch, so daß es zwei Pizza-ähnliche Böden ergibt. Lege einen davon in eine Pizzaform und schneide ihn auf die passende Größe.
Dann in einer großen Schüssel gut zusammenmischen:
600 g Rinderhack
⅓ Tasse Semmelbrösel
¼ Tasse Tomatensoße
1 Ei
2 Knoblauchzehen – fein gehackt
½ – 1 medium Zwiebel – fein gehackt
Salz und Pfeffer
1 – 2 Teelöffel Oregano oder Basilikum.

Belege den Boden damit gleichmäßig und belege bzw. streue darauf die folgenden Zutaten (Mengen nach Wunsch und Geschmack):
Käsescheiben (nach Wunsch Edamer, Mozzarella oder Emmentaler)
Sardellenfilets (oder auch nicht!)
ca. ½ Tasse Tomatensoße darüber verteilen, dann Parmesan Käse
Basilikum und Oregano

Nach ca. 15 Minuten bei mittelgroßer Temperatur (ca. 200 Grad) ist es soweit!
Die Tomatensoße kann Deine eigene Version sein, oder Salsa Pomodoro al Tony (Seite 112) – oder eine gute Soße von Heinz.

**Tony Tip**

Es schmeckt etwas besser, wenn Du das Brot horizontal mit einer Gabel und Deinen Fingern (also ohne Messer) teilst, so daß der Boden grob strukturiert ist (Unter der Lupe sieht es aus wie eine Mondlandschaft – aber wer schaut seinen Pizzaboden schon mit einer Lupe an?). Dann ein paar Minuten in den Backofen schieben, bis die Oberfläche leicht knusprig ist – aber NICHT richtig toasten. Dann belegst Du es wie oben und schiebst alles wieder in den Backofen.

# Soul Food

Seelennahrung

Was hat „Seele“ mit Nahrung zu tun? Für den Amerikaner ist dies überhaupt keine Frage – sollte aber doch jemand eine Antwort darauf wollen, wäre es bestimmt nicht einfach, die richtigen Worte zu finden. Oft sind die einfachsten Dinge am schwersten zu erklären. Was ein einziges englisches Wort an Begriffen ausdrückt, kann man nicht einfach für einen Europäer übersetzen. Ich will versuchen, Worte zu finden, die annähernd das sagen sollen, was ein Amerikaner fühlt oder spürt bei der Erwähnung von „Soul Food“.

Jeder Deutsche weiß, was Soulmusic bedeutet – die amerikanische Negro's music –, und das gleiche könnte wahrhaftig auch von „Soul Food“ gesagt werden! Aber das ist eine sehr vereinfachte Definition – denn die Idee von „Soul Food“ hat nicht nur mit den schwarzen Amerikanern zu tun. Es war nur einfach der amerikanische Neger, der mit seinem Talent für bildhafte und emotionale Sprache diesem Kochstil den Namen „Soul“ gab.

Alles das, was „Seele“ ist, bedeutet etwas, was mit den tieferen Emotionen und Gefühlen eines Menschen zusammenhängt. So hat die Soulmusic sowohl Auswirkungen auf die tieferen Gefühle und Emotionen als auch auf die Ohren und auf den bewußten Verstand. Es ist eine Musik, die einen Menschen bis tief in seine Seele aufwühlt!

So kann „Soul Food“ als eine Art Nahrung beschrieben werden, die so gut ist, daß sie mehr tut, als nur den Magen zu füllen und den Körper zu nähren. Sie gibt dem Geist Freude, und Freude ist die Nahrung der Seele. Ganz einfach, gell?

Seltsam, der Fall hat also etwas mit dem relativen Wohlstand eines Landes zu tun. Die Deutschen werden es sicherlich in den nächsten 20 Jahren lernen – Wohlstand und Glück sind gar nicht automatisch gleich!

Die Vereinigten Staaten hatten – genau wie Europa – ihre Spannungen und finanziell harten Zeiten. Natürlich aß der Reiche gut – und die übriggebliebenen Teile des Fleisches, wie die Hinterteile und Flügel der Hühnchen und die Tierinnereien, blieben für den Armen. Er hatte also keine andere Wahl, als aus diesen „Resten“ interessante und ungewöhnliche Gerichte zu gestalten!

Die Ärmsten der Armen waren natürlich die Schwarzen, die im Südosten lebten – auch nach der Sklavenzeit. Aber wegen der hohen Reparationen, die die Südstaaten zahlen mußten, war jeder Bürger fast so arm wie der „Black Freeman“. Schwarze und Weiße zusammen haben den Kochstil „Southern Cooking“ entwikkelt, der identisch ist mit „Soul Food“.

Aber die Zeit vergeht, und heute hat der Ami – ob schwarz oder weiß – Geld für Bowlingbälle, Motorboote, Farbfernseher, Stereoanlagen und für all den anderen Kram, der ihn von seiner wahren Natur und von einer vernünftigen Lebensweise wegreißt! Heute könnte er Steaks, gute Weine und das Beste vom Gemüse kaufen, um das „gute Leben" zu genießen, von dem er träumte und für das er alle diese Jahre hindurch so hart gearbeitet hat.
Aber – voilà! – pötzlich wurde ihm klar, daß er zu fleißig dabei ist, das „gute Leben" zu jagen, und daß alles zu hektisch ist und irgendwie nicht zufriedenstellend! Auf einmal wird das Familienband schwach, und die „Gemütlichkeit" ist aus seinem Leben verschwunden, und er sehnt sich (meist unbewußt) nach den „guten alten Tagen" (ohne Fernsehen), als er noch Zeit hatte, auf seiner Veranda zu sitzen und den Grillen zuzuhören – und als er noch mit seiner Familie und seinen Nachbarn sprechen konnte.
Gleichzeitig sehnt sich der Amerikaner heute auch nach der „armen" Nahrung, die er in den mageren Jahren essen mußte – die Nahrung, die beides zufriedengestellt hat, seine Seele und seinen Magen. Bitte sehr – hier haben wir „Seelennahrung" (Soul Food).
Wie die meisten Dinge, die ins Herz gehen und tiefe Zufriedenheit schaffen, ist Soul Food sehr ungesund (reich an Fett und Kalorien), aber sehr delikat!!
Guten Appetit!!

# Hog Jowls & Black-eyed Peas

Das ist vielleicht die typischste aller Soul Foods. Dieses Essen besteht aus dem am wenigsten wünschenswerten Teil des Schweines und aus einer der billigsten Proteinnahrungen, bekannt als Bohnen.
Schweinefleisch war für Soul Food immer wichtig, weil das Schwein für den armen Mann auf engem Raum leicht zu züchten war, manchmal sogar innerhalb der Stadtgrenzen.
Die „schwarzäugigen Erbsen" berufen sich darauf, daß sie eigentlich alles andere sind als Erbsen, nämlich kleine weiße Bohnen mit einem einfachen schwarzen Punkt (das „Auge").

Der Name „Erbsen“ ist ein typisches schwarz-amerikanisches Wortspiel, das aber irgendwie paßt! (In Deutschland gibt es einen ähnlichen Fall, nämlich „Kichererbsen“ – die auch tatsächlich Bohnen sind.)
Man bekommt sie ja nicht überall, und so bringt sie mir immer eine gute Freundin aus München vom Viktualienmarkt mit. Ulrike sagt, sie seien dort als „Schwarze-Augen-Bohnen“ bekannt. Am besten aber findet man sie in griechischen Lebensmittelläden.
Du kannst dafür auch Wachtel-Bohnen verwenden – aber will man „Soul Food“, so geht außer diesen beiden keine andere Bohnenart!
Man nehme für 6 Personen (als Hauptgericht):

1 Pfund „schwarzäugige Erbsen“
Wasche diese sorgfältig und weiche sie über Nacht ein. Dann in das gleiche Wasser geben:
1 große Zwiebel, grob gehackt
1 – 2 Schuß Tabasco
ungefähr 1 Pfund Schweine-Kleinfleisch mit Knochen, sei es vom Hinterteil oder von der Hüfte o. ä.
Dann lasse das ganze mindestens 2 Stunden leicht kochen (so lange, bis das Fleisch weich ist und vom Knochen abfällt – und bis die Bohnen gar sind!) Dann mit
Salz
abschmecken und nochmals 10 Minuten kochen lassen.

Wenn du ein dickeres Gericht willst, kannst du eine Tasse der Bohnen mit einem Sieb oder im Mixer zu Püree machen und wieder in den Topf geben.
Für „Fanatiker“ scharfen Essens kommt eine Flasche Tabascosauce mit auf den Tisch.
Über die Bohnen können grob gehackte, rohe Zwiebeln gestreut werden. Als Beilage servierst du Maisbrot, denn das ist der beste „Begleiter“ für viele „flüssige“ Arten von Soul-Food-Gerichten!

## Tony Tip

Im „Soul Food Country“ ißt man immer „Hog Jowls & Black-eyed Peas“ am Neujahrstag. Das bringt Glück für das ganze Jahr! Daß das reiner Aberglaube ist, weiß ich schon – aber trotzdem verbringe ich keinen 1. 1., ohne diese Tradition zu achten.

# Hoppin' John

Ein ähnliches Gericht wie „Black-eyed Peas". Ich bin mir jedoch nicht ganz sicher, ob es offiziell zur Soul Food gehört. Der Name kommt aus dem Gebiet von Louisiana – das natürlich auch „der Süden" ist.
Für 4 oder 5 Personen nimmst du als Hauptgericht:

1 große Zwiebel, mittelgrob gehackt
Fett vom Speck oder Schinken
Das wird dann in einem großen Topf gebraten, bis die Zwiebeln glasig sind.
Dann rührst du darunter:
ca. 450 g (gekochte) „schwarzäugige Erbsen" oder Pinto-Bohnen (Wachtelbohnen) aus Dosen
1 Tasse gehackten gekochten Schinken
¼ Teelöffel Cayennepfeffer (abschmecken!)
Salz
Das Ganze 30 bis 45 Minuten kochen lassen und dann 3 Tassen gekochten Reis dazugeben.
Oft wird dieses Gericht mit gehackten, rohen Zwiebeln überstreut.

**Tony Tip** Das ist eine moderne „Quick"-Version. Richtig und traditionell gemacht, wird das Schweinefleisch extra für ca. 1 Std. in Wasser gekocht. Dann wird das Fleisch in Würfel geschnitten und zum „Hoppin' John" gegeben. Der Reis muß unbedingt in demselben Wasser gekocht werden wie das Fleisch.
„Pinto Beans" sind hier als „Wachtelbohnen" bekannt. Es gibt sie in Dosen und auch getrocknet.

# Corn Bread

Im allgemeinen ist amerikanisches Essen und besonders „Soul Food" reich an „Schnell-Brot"-Rezepten wie dieses. Wie im Kapitel „Corn" (Mais) bereits erwähnt, spielt dieses delikate und nahrhafte Getreide eine sehr wichtige Rolle im „Soul-Food-Land" – in den südöstlichen USA.

Ich habe schon Dutzende von Brot-Rezepten ausprobiert, aber das folgende ist bei weitem das beste!

Als Beilage für 6 Personen gut vermischen:

½ Tasse gesiebtes Mehl
1½ Tassen feinen Maisgrieß (Polenta)
1 Teelöffel Salz
1 Teelöffel Zucker
1 Päckchen Backpulver (Menge für 500 g Mehl)

Danach in einer extra Schüssel, in folgender Reihenfolge mischen:

3 Eier (gut schlagen)
1 Tasse Milch
¼ Tasse kond. Milch oder Sahne
⅓ Tasse geschmolzene Butter.

Das dann unter die trockenen Zutaten mischen. Den Teig gießt du in eine ca. 20 cm große quadratische Backform, die mit Butter oder Öl ausgestrichen sein sollte. Das ganze 25 Minuten lang bei 200° backen. Mit einem Zahnstocher in die Mitte einstechen, um festzustellen, ob es gar ist (der Spieß muß trocken herauskommen).

## Variationen:

Gib 2 Eßlöffel braunen Zucker dazu, und du hast Maismuffins, ein halbsüßes Frühstücksbrot.

1–2 Eßlöffel brauner Zucker und etwas gehackte Nüsse können auch dazugegeben werden, um ein schmackhaftes, halbsüßes Brot herzustellen.

Gib Speckstückchen – knusprig gebraten und mit Fließpapier getrocknet – dazu.

Um einen mexikanischen Einschlag zu erzielen, gibst du gehackte (milde) grüne Chillies zu dem Teig oder (und) etwas gehackte Zwiebel.

## Tony Tip

Wenn du statt gewöhnlichem Weißmehl Maismehl aus dem Reformhaus verwendest, kriegst du ein Brot mit einer herrlichen gelben Farbe. Ich bilde mir auch ein, daß es besser schmeckt, aber ausschlaggebend ist die Farbe – und die Komplimente von meinen Gästen.

# Liz Skinner's Oldfashioned Corn Bread

Echtes, traditionelles Maisbrot
Beilage für 6 Personen

Liz sagt, daß dieses Rezept im Jahre 1804 in Virginia und in Kentucky sehr verbreitet war. Um 1828 wurde es dann auch in Missouri verwendet. Die ersten schriftlich überlieferten Rezepte hatten ihren Ursprung etwa im Jahre 1920.
Die Zutaten sind:

1 Tasse gelbes Maismehl
1 Tasse Buttermilch
½ Teelöffel Salz
½ Teelöffel Soda
1 Ei
3 Eßlöffel geschmolzene Butter oder ausgelassener Speck

Alles gut mischen und in eine ca. 20 x 20 cm große, gut gefettete Backform gießen, Bei 200° mindestens 25 Minuten backen – oder so lange, bis ein hineingesteckter Holzspieß trocken aus der Mitte herausgezogen werden kann.

# Soul Greens

Gemüsegericht

In bezug auf Soul-Gemüse kann ich nur wenig Positives sagen, denn meistens werden Gemüsearten verwendet, die sehr hart, zäh und oft bitter sind. Traditionell wird das Gemüse zu lange gekocht, und meistens mit sehr fettem Bauchspeck oder Schinken kombiniert. Typische Beispiele sind Löwenzahn, Rübenkraut, Okra (Bammes), Rote-Bete-Kraut und Winterkohl usw. Ich habe nichts gegen solches Gemüse – es ist nur die Zubereitung mit zuviel Fett und zuviel Salz, die alles verdirbt.
Trotzdem möchte ich hier zwei Original-Rezepte bringen, denn es schmeckt absolut lecker, und wenn du ein bißchen weniger Fett und Salz verwendest, ist es auch gesund.
Als Hauptgericht für 2–3 Gäste brauchst du ein gutes Pfund Gemüse … Du kannst von den oben ge-

nannten je nach Geschmack eine Mischung auswählen. Das Gemüse wird geputzt und gewaschen und in gesalzenem Wasser gar gekocht.
Es gibt zwei Variationen:

a) In einer Bratpfanne brät man Schinkenspeck oder Schweinebackenstücke, und das wird über das gekochte Gemüse gegeben.
b) Schinkenspeck oder Schweinefleisch kann auch mit dem Gemüse zusammen gekocht werden. (Igitt!)

Maisbrot und Essig auf den Tisch stellen!
Die Flüssigkeit, die im Topf bleibt, wird nie weggeschüttet, sondern über das Maisbrot gegossen, oder man verwendet sie wieder, z.B. um Polenta zuzubereiten.

# Fried Green Tomatoes

Gebratene grüne Tomaten

Du gehst zu deinem besten griechischen Lebensmittelladen und suchst dir die härtesten und grünsten Tomaten aus. Es geht auch mit roten Fleischtomaten, aber ich finde, daß sich die Mühe lohnt, grüne Tomaten auszusuchen. Als Beilage brauchst du ca. 1 Tomate pro Person. Das folgende Rezept langt für 4 Leute.
Erst bereitest du auf drei verschiedenen Tellern vor:

4 Tomaten in ca. 1 cm dicke Scheiben geschnitten
1 Ei mit der Gabel geschlagen
2 Eßlöffel Semmelbrösel
In einer Bratpfanne wird gut durchgebraten
100–125 Gramm Schinkenspeck
Den Speck aus der Pfanne nehmen und beiseite legen. Nun werden die Tomatenscheiben im Ei und dann in den Semmelbröseln gewälzt und in der Pfanne goldbraun gebraten. Die Tomatenscheiben warm stellen.
Auf jeden Eßlöffel Fett, das noch in der Bratpfanne ist, kommt dazu:
1 Eßl. Mehl
Das läßt du unter dauerndem Umrühren ein paar Minuten kochen, und dann
1 Tasse Milch
Salz und Pfeffer nach Wunsch
dazugeben und unter ständigem Umrühren bei mittlerer Hitze ca. 10 Minuten schmoren lassen. Die Soße gießt du über die Tomaten und servierst sie sofort.

# Hush Puppies

Jeder Deutsche weiß, daß „Hush Puppies“ Schuhe sind. Aber der amerikanische Schwarze wurde wirklich nie so weit erniedrigt, daß er alte, abgetragene Schuhe essen mußte!
Der Name, genau übersetzt, bedeutet „seid ruhig, Hündchen“ und stammt nachweisbar aus der Periode im Süden, als mindestens 3 oder 4 Hunde ihr Heim in jeder Plantage und in jedem Sklavenlager hatten – und diese Hunde wurden mit Küchenabfällen und Fleischresten gefüttert!
Man kann sich diese Hündchen doch leicht vorstellen, wie sie an der Küchentür kratzen und winseln – so lange, bis es „Black Mammy“, die Köchin, nicht mehr länger aushalten kann, an die Tür kommt und ihnen eine Menge kleiner Maiskuchen hinwirft! Und dann würde sie zu den Hunden sagen: „Hush puppies – weg mit euch!“ (Das kann zwar niemand beweisen, aber ich glaube es einfach!)

Verwende den Maisbrot-Teig, und füge noch hinzu: etwas geriebene Zwiebel (nach Geschmack) und ein wenig Milch. Der Teig sollte nur feucht sein, gerade so feucht, daß er zusammenhält, wenn er zu kleinen Kügelchen geformt wird (vielleicht ein bißchen länglich), die gerade in die Handfläche passen.
Sie sind leicht und bekömmlich, wenn sie in schwimmendem Fett goldbraun gebraten werden (wie Pommes frites). Wenn weniger Fett benutzt wird (½ cm in der Pfanne), werden sie etwas schwerer, aber genauso delikat und von vielen „Rebels“ (Südländern) bevorzugt.
Wenn das Fett vorher dazu benutzt wurde, Fisch oder ein Schweinestück zu braten – um so besser!
Hush Puppies schmecken ausgezeichnet zu Fisch, Huhn oder Chili. Sie sollten zuletzt auf den Tisch gebracht und heiß gegessen werden!

# T.D.'s Southern Fried Chicken

Genauso wie das Schwein paßt auch das Hühnchen gut in den Lebensstil des armen Mannes. Sogar die Sklaven konnten es sich leisten, einige dieser delikaten Vögel bei ihren Hütten zu züchten – und „das Sonntagshuhn" wurde in Amerika zum Standard. Pro Person werden 2 oder 3 Stücke vom Huhn genügen.

In einem Mixgefäß oder in einer großen, flachen Schüssel mischst du:

½ Tasse Mehl
½ Tasse Polenta (feiner Maisgrieß)
½ Teelöffel Salz
2 Teelöffel Backpulver

Die Hühnerstücke werden mit der Trockenmischung paniert, so lange, bis sie einen richtigen Überzug haben. Dann gib etwa 1 cm Fett in eine große Bratpfanne und erhitze das. (Um den besten Geschmack zu erzielen, solltest du Schweinefett oder ein anderes „ungesundes" Fett verwenden). Das Fett sollte jedenfalls ziemlich heiß sein, bevor das Huhn hineingelegt wird.

Dann werden sie 10 Minuten gebraten, gewendet und nochmals 7 oder 8 Minuten gebraten. Wenn es auch nicht unbedingt nötig ist, so ist es doch besser, wenn das Fleisch mit Deckel gebraten wird.

Nimm das Fleisch aus dem Fett und lege es auf Fließpapier, um alles Fett abzusaugen. Alles überschüssige Fett entfernen!

Meiner Meinung nach schmeckt dieses delikate Mahl am besten, wenn es 24 Stunden in den Kühlschrank gestellt und dann kalt serviert wird. – Aber es gibt sicher auch andere Meinungen darüber. Jedenfalls ist es – sei es heiß oder kalt – eine ausgezeichnete „Zugabe" für jeden Picknickkorb!

# Shorty's Soul Sauce

Im Süden wird das ganze sehr oft mit etwas Honig oder verschiedenen süßen Soßen serviert. (Meine Meinung: entsetzlich!)

Dies ist eines der wenigen Rezepte in diesem Buch, die nicht „mein eigenes" sind (mein eigenes in dem Sinn, daß ich andere Variationen ausprobiert und festgestellt habe, welche die beste ist – für mich!) Trotzdem ist diese

Soße wirklich „soul" und mußte so auch hier erwähnt werden.
Für diejenigen also, die diese Scheußlichkeit probieren wollen, folgt ein typisches Rezept für eine süße Soße:
Man nehme:

8 Eßlöffel eingemachte Pfirsiche
½ Tasse Wasser
den Saft einer Zitrone
3 Eßlöffel braunen Zucker
1 Eßlöffel Butter
1 Eßlöffel Salatöl
1 Eßlöffel Essig
½ Teelöffel Paprikapulver (süß)
Salz, Pfeffer und Worcestersoße zum Abschmecken.

Gib alles zusammen in einen Topf und vermische es. Bei mittlerer Hitze so lange kochen, bis es dickflüssig wird – gelegentlich umrühren.
Etwa 1 Tasse über das „Southern Fried Chicken" gießen und sofort servieren!

**TonyTip**

Der „Sweet-Sour"-Effekt von Essig & Zucker ist überall in den Staaten beliebt. Für den deutschen Geschmack aber empfehle ich, die Hälfte der vorgeschlagenen Zuckermenge zu nehmen.

# Cole Slaw

Krautsalat ist fast immer eine Beilage zu den meisten „Soul-Food"-Gerichten, und eigentlich kann ich die Gründe nicht verstehen, und auch den Ursprung davon kann ich nicht nachweisen. Krautsalat ist aber leicht zuzubereiten und vorzüglich, wenn jemand zum Hauptgericht gerne etwas Süßes ißt – und natürlich, wie alle „Soul Food", reich an Kalorien.
Wie Southern Fried Chicken wird auch der Krautsalat besser, wenn er etwas im Kühlschrank ist – und er ist auch ausgezeichnet für Picknicks geeignet.
Für 6 Personen als Beilage:

2 Köpfe Kohl (mittlerer Größe) fein geschnitten
3 mittelgroße Karotten – fein gehackt
4 Eßlöffel Essig
4 Eßlöffel Zucker (brauner Zucker wäre empfehlenswert)
1½ Tassen Mayonnaise

Alles gut mischen und kalt stellen!

# Peanut Soup

Erdnußsuppe, Beilage für 6–8 Personen

Die Erdnuß wurde und wird heute noch in den südlichen Vereinigten Staaten begeistert gezüchtet. Sie ist schnell reif und leicht zu ernten – und sie enthält genügend Protein, was ja für die Ernährung des armen Mannes wichtig war. Dieses Gericht ist sicherlich kein traditionelles, aber trotzdem zum „Soul"-Begriff passend. In einem großen Topf werden

1 mittelgroße gehackte Zwiebel
2 in kleine Stücke geschnittene Selleriestangen
in Butter gebraten, und zwar so lange, bis alles zart und glasig ist. Dann rühre dazu:
3 Eßlöffel Mehl
bis alles gut vermischt und braun ist, und gib dann langsam
2 Liter Hühnerbrühe
unter ständigem Rühren dazu. Das ganze zum Kochen bringen, vom Feuer nehmen und durch ein Sieb gießen. Danach rühre
2 Tassen geschmolzene Erdnußbutter
1½ Tassen Sahne oder Dosenmilch
darunter und erhitze es wieder – aber nicht kochen lassen!
Du kannst es heiß oder kalt – mit etwas gehackten Nüssen darübergestreut – servieren!

**TONY TIP**

Fast jedes Barbecue-Gericht könnte sicher auch als Soul Food bezeichnet werden, speziell „Spare Ribs" und Huhn, aber diese passen auch ganz gut ins Kapitel „Grilling & B.B.Q.ing", und da sind sie auch zu finden.
Genauso Buttermilchbiskuits und Grütze – das sind auch „Double ups", und sie habe ich der Kategorie „Breakfast & Brunch" zugeteilt.
Es gibt noch so viele andere solcher Gerichte – und für diejenigen, die „Soul-Food-Experten" werden wollen, gibt es viele ausführliche englischsprachige Bücher darüber. Eines der einfachsten (und deshalb auch das beste) ist:
„Princess Pamela's Soul Food Cookbook"
Es ist zu beziehen von:
The New American Library Inc.
120 Woodbine Street
Bergenfield NJ 07621
Ich würde empfehlen, $ 3.00 in bar hinzuschicken für das Buch und um die Ausland-Luftpostgebühren zu decken.

# Jambalaya

Jambalaya ist ohne Zweifel das bekannteste und beliebteste Essen in New Orleans mit starkem französischem und kreolischem Einfluß. Louisiana gehört zum „tiefen Süden" der USA, und seine Küche ist mit wenigen Ausnahmen unbedingt „Soul" vom Charakter her (d. h. die Rezepte entstanden aus den Bedürfnissen des „armen Mannes", so gut und abwechslungsreich wie möglich zu essen, aber mit wenig Geld).

Wie es mit allen bekannten Gerichten in den USA ist, die einfallsreichen und schöpferischen Amis haben zahllose Variationen entwickelt, und natürlich meint jeder, daß sein Rezept das „originale" ist.

Ich weiß nur, daß „Jambalaya" von dem französischen Wort „jambon" = Schinken abstammt. Für mich ist es ein Eintopfgericht, das immer mit Schinken und Reis zubereitet wird. Die meisten Rezepte kombinieren eine oder mehrere Meeresfrüchte mit dem Schinken. Weil jedoch Shrimps hier in Deutschland ein teurer Spaß sind, vor allem für junge Leute in meinem Alter, werfe ich manchmal bloß eine kleine Dose Shrimps hinein,

um wenigstens symbolisch den Originalcharakter zu haben. Aber wenn die Kasse echt knapp ist – es geht ohne Shrimps auch picobello.

Also, für 8 verfressene Typen brauchst du natürlich auch einen ziemlich großen Topf. Darin rührst du zusammen:

2 Eßlöffel Palmin (Butter geht auch)
2 Eßlöffel Mehl
bis es gut gemischt ist, und läßt es ein paar Minuten anständig schäumen.
Dann kommt dazu
1 Pfund gekochter Schinken, in mundgerechte Würfel geschnitten
1 große grüne Paprikaschote, ebenso gewürfelt
Laß das 5 Minuten braten, und dann kommt auf einmal hinzu
3 Tassen (ca. 400 g) Shrimps (tiefgefroren)
1 Dose (ca. 800 g) geschälte Tomaten
2½ große Tassen (ca. ¾ Liter) Wasser
1 große Zwiebel, gehackt
1 Knoblauchzehe, gehackt
2 Eßlöffel gehackte frische Petersilie.
Die Flamme aufdrehen und zwischendurch umrühren, bis es richtig kocht. Dann hineingeben:
2 große Tassen (ca. 400 g) rohen Reis
2 Eßlöffel Worcestersauce, etwas Salz
½ Teelöffel Thymian, gerieben
½ Teelöffel Tabasco.
Zudecken und bei niedriger Hitze schmoren lassen, bis der Reis gar ist (ca. 30 Minuten, wenn du weißen Reis verwendest). Zwischendurch könntest du es ein bißchen umrühren.

Jambalaya ist ein richtig deftiges Essen und braucht als Beilage bloß einen guten Salat und Rotwein.

# Fried Alligator

Gebratener Alligator

Zutaten:

Alligator
Essig oder Zitronensaft
Salz
geschroteter Cayenne-Pfeffer
2 große Tassen Polenta (fein)
½ Tasse Mehl
etwas Palmin

Das Alligatorfleisch in dünne Scheiben schneiden, das überflüssige Fett wegschneiden. Dann in einer Schüssel mit Essig oder Zitronensaft, Salz und Cayenne-Pfeffer genau eine halbe Stunde ziehen lassen.
Mittlerweile Polenta, Mehl und ein bißchen Cayenne-Pfeffer mischen. Die Fleischstückchen werden darin gerollt und dann in Palmin gebraten, bis sie goldbraun sind.
Der Alligator sollte heiß gegessen werden und schmeckt genauso gut als Vorspeise wie als Hauptgericht.

# Soul Sweets

Desserts

Weil das Leben so schwierig war und das Vergnügen sehr selten, hatten die Leute im „Soul-Food-Country“ ein anderes Verhältnis zu Süßigkeiten, als es heute üblich ist. Sie haben weniger an die schlanke Linie gedacht – vor allem nach 12 Stunden Schwerarbeit beim Baumwollzupfen oder beim Holzhacken –, sie waren vielmehr dankbar, überhaupt etwas zu essen zu haben.
Gerade weil Spaß und Vergnügen so rar war, waren sie nicht bereit, auf den Luxus eines Desserts zu verzichten, wenn sie es sich leisten konnten. Das Dessert wurde normalerweise direkt nach der Hauptmahlzeit gegessen, und dazu wurden süße, kalte Tees, Limonaden oder starker, sehr süßer Kaffee getrunken. Die Portionen waren riesig und die Begeisterung unbegrenzt!
Genau wie bei allen Soul-Food-Gerichten wurden die Zutaten verwendet, die in der Region billig waren und leicht zu bekommen, z.B. brauner Zucker, Melasse, Rohrzuckersirup und Maissirup. Das wurde sehr oft einfach über „Biscuits“ oder Maisbrot gegossen.
Wie in Europa wurden diese süßen Sachen auch sehr oft mit heiß oder kalt servierten Früchten kombiniert. Eigenartig beim Soul-Dessert ist die Verwendung von solchen Zutaten wie Polenta, süßen Kartoffeln, grünen Tomaten, Buttermilch und Brot. Die Auswahl an Desserts ist so groß und, wie ich meine, so interessant, daß ich ein ganzes Kapitel damit füllen könnte, aber sie sind oft für unseren Geschmack zu süß, und manche Zutaten sind einfach in Deutschland nicht zu finden. Ich versuche hier einige Beispiele zu bringen mit leicht erhältlichen Zutaten, die aber trotzdem echt „Soul“ sind. Wenn du die Mengen an süßen Zutaten etwas nach deinem Geschmack veränderst, findest du die Desserts bestimmt auch interessant und lecker.

# Rice Pudding

Reisauflauf

Als Nachtisch für 4–6 Personen wird in einer Backform zusammengemischt:

4 Tassen Milch
½ Tasse Melasse
½ Tasse roher Naturreis
½ Teel. Zimt
1 Prise Salz
Stelle das in den vorgewärmten Backofen mit 150° für ca. 1 Stunde.
Während dieser Zeit bitte 2–3mal umrühren. Nach 1 Stunde mischst du darunter:
2 Eßl. Butter
¼ Tasse Rosinen, gehackte Feigen (oder was dir Spaß macht)
und läßt es noch 2 Stunden backen.

# Grits Pudding

Maisgrütze-Pudding,
Nachtisch für 4 Personen

Sehr ähnlich wie Rice Pudding und noch einfacher zuzubereiten ist dieser Leckerbissen.

In einer großen Schüssel wird zusammengemischt:

1 Tasse gekochte Grütze (siehe Seite 136)
1 Teel. Butter
2 Tassen heiße Milch
In eine andere Schüssel kommt:
2 Eier
¼ Tasse Zucker
¼ Teel. Salz
⅓ Tasse Rosinen oder gehackte Feigen oder gehackte Mandeln

Den Inhalt der beiden Schüsseln zusammen in eine eingefettete Backform gießen und leicht umrühren. Dann bei 170° für ca. 1 Stunde backen. Noch besser ist es, wenn die Backform in ca. 4–5 cm Wasser steht. Wenn dir das zu umständlich ist, kannst du auch einen kleinen Topf mit Wasser in den Backofen stellen.

# Berry Cobbler

Beerenkuchen

Dieses Dessert schmeckt genauso gut, ob du Brombeeren oder Heidelbeeren (Blaubeeren) verwendest.

In einer großen Schüssel gut zusammenmischen:

1¼ Tassen Mehl
1 Tasse Zucker
1 Prise Salz
2½ Teel. Backpulver
Jetzt langsam und gründlich darunterrühren
1 Tasse Milch
Die Teigmischung kommt in eine mit Butter eingefettete, vorgewärmte gußeiserne Pfanne oder Backform.

Auf den Teig gibst du
3 Tassen frische Beeren
und dann streust du darauf
½ geriebene Zitronenschale
1–2 Teel. Zimt
Bei 180° unbedeckt backen lassen für ca. 30–40 Minuten. Wenn du es richtig erwischt hast, geht der Teig auf und bildet mit den Beeren eine leckere, goldbraune Kruste.

SUB

# Sandwiches

Wenn man die vollständige Geschichte der zivilisierten Länder betrachtet, ist das phantastische Wachstum der Vereinigten Staaten in der kurzen Zeitperiode von nur 200 Jahren immer noch eines der Weltwunder. Tausende von Worten wurden über dieses Wachstum und seine Gründe schon geschrieben. Alle die Bücher, die ich darüber gelesen habe, befaßten sich mit den natürlichen Quellen (Gas, Öl, Kohle usw.), mit den Wäldern, der Nutzbarkeit des Bodens, mit dem Klima und mit dem technischen Wissen, das von Europa in die Vereinigten Staaten exportiert wurde. (Im Grunde sind die USA ja auch ein Resultat der europäischen Zivilisation.)
Die wenigsten dieser Bücher diskutieren ein wichtiges Charakteristikum des amerikanischen „Wunders" – und das ist die Einbildungskraft der amerikanischen Menschen! Vielleicht deshalb, weil „Einbildungskraft" unantastbar ist und weil ihre Existenz so schwer zu beweisen ist, vor allem für eine ganze Bevölkerung!
Trotzdem bin ich davon überzeugt, daß dieser ruhelose, unaufhaltbare geistige Prozeß, der so charakteristisch für die amerikanischen Menschen ist, einer der wichtigsten Gründe für die amerikanischen Fortschritte (und Probleme) in der heutigen Welt ist. Der Amerikaner ist nie zufrieden mit den Dingen, so, wie er sie findet – sofort sucht er Wege, um die Dinge einfacher, besser, billiger oder noch leistungsfähiger zu machen. Manche Ergebnisse sind gut – insofern, als sehr wenige Menschen hungern mußten und die, die wirklich arbeiten wollen, auch Arbeit finden konnten.
Andere Ergebnisse sind leider nicht so attraktiv, zum Beispiel wurde die gleiche Einbildungskraft von unseren Verbrechern angewendet, um einige der seltsamsten und furchtbarsten Verbrechen (Morde, Schwindel usw.) zu verüben, die die Welt je gesehen hat.

Unzufriedenheit, die ja die Grundlage allen Fortschritts ist, breitete sich aus und wuchs – und heute ist es so weit gekommen, daß sich der Amerikaner in alles hineindenken kann, sich alles einbilden kann, nur kein schönes und erfreuliches Leben. Das Wort „Gemütlichkeit" gibt es nicht in der englischen Sprache – ganz einfach deshalb, weil es keine Gemütlichkeit gibt, über die man sprechen könnte.
Der Amerikaner hat auch seine Einbildungskraft auf das Gebiet des Es-

sens übertragen und natürlich auch wieder mit guten und schlechten Ergebnissen.
Nehmen wir zuerst die „schlechten“ Resultate: Um die zu diskutieren, müssen wir uns die amerikanische Leistungsfähigkeit im Verpacken, Aufbewahren und Verteilen der Lebensmittel anschauen. Das Endergebnis ist, daß der Amerikaner zu viel Nahrung zu sich nimmt, die in einer Fabrik hergestellt wird, in eine Schachtel verpackt wird und die nur noch ein bißchen Flüssigkeit und Hitze erfordert. Die Restaurants wurden dadurch so leistungsfähig und schnell, daß es wirklich schwer ist, sich vor dem Essen ein wenig auszuruhen und zu entspannen – und außerdem kann eine sehr unangenehme Lage entstehen, wenn ein Individualist an seinem Restaurant-Tisch noch eine Stunde nach dem Essen einfach so dasitzen möchte. Mit anderen Worten, der Amerikaner hat also alles, was er zum Essen braucht, nur nicht die Zeit, um das Essen auch ein wenig zu genießen.
Obwohl unsere Farmen immer noch einige der nahrhaftesten und gesündesten Nahrungsmittel der Welt hervorbringen, wird frisches Gemüse oder frisch gebackenes Brot (vor allem in Restaurants) praktisch nicht benutzt.
Auf der anderen, der positiven Seite – und vor allem,

was das Thema Sandwiches betrifft – ist die Auswahl nicht zu überbieten. Nirgends kann man besser variieren als bei Sandwiches.
Ein typischer „Sandwich-Shop“ in den USA bietet 20 oder 30 verschiedene Sandwich-Kombinationen an, die man schnell mit der Hand essen kann. Man sollte die ganze amerikanische Sandwichindustrie nicht so beurteilen, wie man zum Beispiel McDonald's in seiner Stadt sieht. McDonald's ist eine Firma, die sich im Grunde nur auf 5 oder 6 Variationen von „Hamburgers“ spezialisiert hat. Als Gegenbeispiel schaue dir am Ende dieses Kapitels das Menü einer nicht unüblichen „Deli“ (Abkürzung von „Delikatessenlokal“) in den USA an.
Wie du gleich sehen wirst, ist die Zahl der Sandwiches endlos. Also, die Deutschen sollten sich auch, wie wir, zu „Sandwichfressern“ entwickeln!

# Peanut Butter

(wie bitte?)

Genau wie die Einbildungskraft des Amerikaners gleichzeitig seine größte Stärke und Schwäche ist, hat der Konservatismus des Deutschen seine Vor- und Nachteile. Dies wird besonders deutlich, wenn ich ein Sandwich mit Erdnußbutter vor ihn stelle. Er wird sofort Entschuldigungen finden, um gehen zu können. Oder er sagt: „Ich habe keinen Hunger, danke!“ Ein Gast, der ein bißchen ehrlicher war als die meisten, sagte, es würde wie „Baby shit“ aussehen! (Das stimmt auch!) Dieser „Baby shit“ ist jedoch reich an Vitaminen, hat einen hohen Proteingehalt und ist durchaus delikat! Verdammt noch mal! Versuch's doch!

Ich muß zugeben, daß in Amerika die Kinder mehr von der Erdnußbutter begeistert sind als die Erwachsenen. Wenn man sich die Tonnen vorstellt, die in den USA jeden Tag zwischen 3 und 4 Uhr verkonsumiert werden, kommt man ins Taumeln! (In Amerika ist die Schule so um 3 Uhr nachmittags zu Ende, und die Kinder nehmen normalerweise einen kleinen Imbiß zu sich, um nicht bis zum Abendessen um 6 Uhr mit knurrendem Magen rumzulaufen!) Ja, und dieses „Kind“ (ich!) hat auch nie seine Gewohnheit abgelegt!
Ich muß leider sagen, daß die „Peanut Butter“, die man in deutschen Reformhäusern kaufen kann, wesentlich besser ist als die „originale“. In den USA wird nämlich Erdnußbutter mit sehr viel Salz hergestellt, und das normalerweise flüssige Erdnußöl wird künstlich gehärtet.

**O.K.** – also Erdnußbutter-Variationen!

Verwende Weißbrot oder ein weiches Mischbrot, das nicht zu sehr gewürzt ist. (Kümmelbrot würde z. B. nicht gerade passen!)
Erdnußbutter (einfach und delikat!)
Erdnußbutter und Butter (verändert den Geschmack bedeutend)
Erdnußbutter und Marmelade (jede Sorte)
Erdnußbutter und Honig

Erdnußbutter und Schinken
Toast- oder Mischbrot
eine Scheibe gekochten Schinken (entweder kalt oder, noch besser, in der Pfanne gewärmt!)
Erdnußbutter
Eine wunderbar schmeckende Kombination!

The T.D. Super Special „P.B. Sandwich"
Reich an Kalorien, Vitaminen, Proteinen usw. Dieses Sandwich, so wird behauptet (von T.D.), erhöht die Stimmung, den Charme und die sexuelle Potenz!!! (Aber unglücklicherweise auch die Taille.)
Ein weiches Weizenbrot
Erdnußbutter
Bananenscheiben
Honig (nach Wunsch)

Bacon and Peanut Butter
(Schinkenspeck und Erdnußbutter)
Brot oder Toast
3 Scheiben mageren Schinkenspeck braten und mit Löschpapier alles Fett entfernen
großzügig mit Erdnußbutter bestreichen!

# Cream Cheese

Frischkäse-Sandwich

Noch eine Kinderspezialität! Normalerweise auf Toast mit Trauben- oder anderer Marmelade – das ist süß, klebrig und gut!
Cream Cheese & Oliven
Zu Frischkäse geben in Scheiben geschnittene oder gehackte Oliven eine wunderbare Kombination! (Natürlich ohne Marmelade!)
Mein Favorit: Cream Cheese & gehackte Walnüsse!

# Grilled Cheese

2 Scheiben Brot
1 Scheibe Käse (Edamer paßt gut dazu)
Das Ganze zusammenklappen und auf die äußere Seite des Brotes Butter streichen. In einem Grill oder in einer Eisenpfanne toasten oder backen, bis der Käse geschmolzen ist!

## Variationen:

A. Vor dem Grillen kannst du auch Senf verwenden (natürlich nur innen!)
B. Speckscheiben dazugeben
C. Tomatenscheiben dazugeben und vor dem Grillen Salz und Pfeffer

# Ham & Swiss ‚Stacked High' on Rye

(Schinken und Käse auf Roggenbrot „hochgestapelt")

Das ist eines der wenigen Ami-Sandwiches, die zu einem guten Roggenbrot am besten passen. Nur ein paar „unzivilisierte" Leute verwenden Toastbrot.
Manchmal unterscheiden sich die Zubereitungen in den USA von denen in Deutschland – nicht in den Zutaten, aber in der Kombination. In Deutschland habe ich nach meiner Erfahrung zum Beispiel nie Käse oder Schinken mit Senf serviert bekommen. Aber „Swiss Cheese" (Emmentaler) mit Senf ist in den USA gebräuchlich – und es schmeckt ausgezeichnet!

Also dann:

Roggenbrot
Senf
Schinken
Emmentaler

Die Schinken- und Käsescheiben werden hauchdünn geschnitten. Das ist das allerwichtigste, weil das den Geschmack sehr verändert und verbessert!
Dann staple alles so, daß die Sandwichmitte gut 1,5 bis 2 cm dick ist.

# Tuna Salad Sandwich

(Mit fünf Variationen)

Vor 25 Jahren war das bestimmt das meistgegessene Sandwich in den USA. (Erdnußbutter und Hamburger haben es übertroffen). Die Variationen sind endlos – aber irgendwie sind sie sich immer ähnlich!
Die feinen „Finger Sandwiches", die normalerweise bei Damenkränzchen zum Lunch serviert werden (die amerikanischen Frauen haben für solche Sachen nämlich viel Zeit!), werden meist auf Toast (mit abgeschnittener Kruste) zubereitet. Die folgenden interessanten Rezepte fand ich in einer Frauenzeitschrift. Ich habe sie alle ausprobiert, und sie sind ausgezeichnet – bis auf das mit Parmesankäse (Italien) und Curry. Diese sind nicht gerade nach meinem Geschmack in Verbindung mit Thunfisch! Thunfisch-Sandwiches werden am besten mit Salat und Tomatenscheiben serviert!
Für 6 Sandwiches:

2 Dosen (je 185 Gramm) Thunfisch in Pflanzen- oder Olivenöl
6 Eßlöffel Mayonnaise
4 Teelöffel Zitronensaft
¼ Zwiebel (gerieben oder fein gehackt)
½ Tasse (200 Gramm) gehackte Selleriestangen
ein wenig Salz
12 Toastbrotscheiben

Die Zutaten (außer dem Brot natürlich) in einer großen Schale zusammenmischen und auf sechs Scheiben Brot verteilen und die anderen sechs Scheiben darauflegen. Nach Wunsch Tomaten- oder Gurkenscheiben und Salatblätter dazugeben.

## Variationen:

Italian Tuna
Zum Grundrezept kommt dazu:
½ Teelöffel getrocknetes Oregano,
⅓ große Tasse grüne oder schwarze Oliven, ziemlich fein gehackt,
2 Eßlöffel geriebener Parmesankäse und
2 Eßlöffel in Olivenöl gebratene, gehackte rote Paprikaschoten.

Petersilien-Tuna
½ Tasse gehackte frische Petersilie und ¼ Tasse gehackte grüne Paprikaschoten.

Chili Tuna
1 Teelöffel Chili-Pulver (mild) und 1 große Tasse in Würfel geschnittene Tomaten und ein bißchen mehr Salz.

Indisches Tuna
½ bis 1 Teelöffel Currypulver,
¼ Tasse (ca. 100 Gramm) gehackte Erdnüsse.

Garten Tuna
1 große Tasse geriebene Karotten, Weißkraut oder Zucchini.

# Petra's Rothenburg Tuna Sandwich

(4–6 Sandwiches)

Wir hatten an einem herrlichen Sommertag eine Radtour mit Picknick nach Rothenburg geplant... Petra vergaß allerdings die nötigen Zutaten für „Ruth Ann's Tuna Salad".
Die folgende „Quickie-Version" des Rezeptes war unsere Notlösung. Mittlerweile habe ich dieses Rezept „adoptiert", weil es leicht zuzubereiten ist und sagenhaft schmeckt.

1 Apfel (geschält und gehackt)
1 Teelöffel Exotic Relish
1 mittelgroße Zwiebel, gehackt
1 Dose Thunfisch (ca. 185 Gramm), zum Teil abgetropft
½ feingehackte Karotte
ein wenig Selleriesamen oder Selleriesalz
Mayonnaise
Salz und Pfeffer zum Abschmecken

Zusatz: Wem die Mayonnaise zu süß ist, der kann ein wenig roten Weinessig zugeben.

# Ruth Ann's Tuna Salad Sandwich

6 Sandwiches = Hauptessen für 3

Vor 6 Jahren bekam ich dieses Rezept von einem 18 Jahre alten Mädchen aus Bad Kreuznach. Von da an habe ich selten eine andere Kombination verwendet:

1 hartgekochtes Ei (gehackt)
1 Apfel (geschält und gehackt)
1 gehackte Selleriestange
1 Teelöffel (oder mehr) Exotic Relish
1 mittelgroße Zwiebel, gehackt
1 Dose (ca. 185 g) Thunfisch (in Pflanzenöl oder im eigenen Saft), das meiste Öl abgießen
Mayonnaise (soviel du willst)
Salz und Pfeffer zum Abschmecken

Alles gut vermischen – den Gewürzgeschmack kosten und servieren!

## Tony Tip

„Exotic Relish" kann man in Gläsern in den Lebensmittelabteilungen von Kaufhof, Hertie und ähnlichen Lebensmittelläden kaufen. Es ist eine angemachte Mischung von Gurken, Essig, Zucker, Paprikaschoten, Zwiebeln und anderen Zutaten. (Wenn es nicht zu finden ist, kannst du gehackte, knusprige süße Gurken verwenden!)

Ruth Ann's „Tuna Salad" schmeckt auch besonders gut als Füllung für feste rote Tomaten.

# Egg Salad Sandwich

Dieses Rezept ist so einfach, daß viele Leute es unterschätzen würden. Aber es schmeckt ausgezeichnet – vor allem im Sommer – kalt serviert – und ist auch prima für Picknicks geeignet.

Vermische folgendes gut und serviere es auf Toastbrot, Brötchen oder auf einem milden Mischbrot. Es schmeckt auch gut, wenn es in einer ausgehöhlten Tomate serviert wird.

2 gehackte hartgekochte Eier (pro Sandwich)
grünen Pfeffer, mittelfein gehackt
Stangensellerie
Mayonnaise
Salz und Pfeffer
Du kannst ruhig genug Mayonnaise zum Strecken verwenden, aber nicht so viel, daß das Brot nachher „aufweicht".

Variation:
etwas Speck knusprig braten und auf Löschpapier das überflüssige Fett abtropfen lassen, dann mit dem Messer in kleine Stückchen schneiden und unter den Salat mischen.
Gehackte grüne Oliven können auch dazugegeben werden.

# Original Club Sandwich

Dieses Sandwich ist interessant, weil es mit 3 Scheiben Toast in 2 Lagen angerichtet wird. Es ist sehr populär – und rein amerikanisch!

1 Scheibe Toast
gut bestreichen bzw. belegen mit Mayonnaise
in Scheiben geschnittener Hühner- oder Truthahnbrust
Salz und Pfeffer
2. Scheibe Toast
gut bestreichen bzw. belegen mit Mayonnaise
3–4 Scheiben Schinkenspeck (knusprig braten und Fett mit Löschpapier entfernen)
Scheiben von festen Tomaten
Salz und Pfeffer
Das ganze bedecken mit der 3. Scheibe Toast
Das Sandwich von Ecke zu Ecke durchschneiden und Spießchen oder Zahnstocher durch die Lagen stekken, damit alles gut zusammenhält.

# Fort Bragg Sandwich

In North Carolina aß ich diesen interessanten „Double Decker“.

I. Etage
(im Grill) gebratener Schinken
Tomatenscheiben
Mayonnaise
Salz und Pfeffer
II. Etage
hartgekochtes Ei in Scheiben
Salatblatt
Mayonnaise
Salz und Pfeffer

# B.L.T.
# Bacon-Lettuce-

Schinkenspeck, Salat und Tomaten

Für jedes Sandwich brauchen wir:

3 Streifen Schinkenspeck (ca. 10 cm lang), mittelrösch gebraten (Fett auf Löschpapier abtropfen lassen)

2–3 Scheiben von festen Tomaten
Salatblatt
Mayonnaise

**VARIATION:**

Käsescheiben – am besten, wenn sie auf die Beläge gelegt und im Grill geschmolzen werden.

Dieses Sandwich ist sehr verbreitet und wird normalerweise nur als „B.L.T." bezeichnet – sein ganzer Name wird selten benützt.

# Roast Beef on Rye

Verwende warmes oder kaltes Roastbeef (medium oder rare), in hauchdünne Scheiben geschnitten.
2 Scheiben Roggenbrot

Butter oder Mayonnaise
Roastbeef
Salz und Pfeffer nach Geschmack
Voilà!

**VARIATIONEN:**

Du kannst ein wenig Meerrettich hinzugeben (aber bitte nicht zuviel!)

Statt Mayonnaise kannst du auch Senf nehmen und dünne Zwiebelringe.

# Western Sandwich

Für jedes Sandwich braten wir, bis alles weich ist:

Speck oder Schinken
½ kleine Zwiebel
½ grüne Paprikaschote
Alles natürlich fein gehackt!
Dann gib dazu:
2 Eier mit 1 Eßlöffel Wasser verrührt
Salz und Pfeffer
1 Schuß Tabasco
Das ergibt einen kleinen Eierkuchen, den du brätst, bis er auf beiden Seiten braun ist. Dann auf Weißbrot servieren.

## Tony Tip

„The Western" (auch als „Denver Sandwich" bekannt) ist komischerweise angeblich eine Chinesisch-Ami-Schöpfung! Es wurde sehr oft von den chinesischen Köchen auf unseren Western Ranches als spätes Frühstück zubereitet.

# Tony's „Special' Western

Als ich ungefähr 14 Jahre alt war, jobte ich nach der Schule in einer „Soda Fountain", und damals war ich für meine „Westerns" bekannt!
„Soda Fountains" gibt es in Deutschland nicht, es ist eigentlich eine Kombination zwischen einer Eisdiele, einem Schnellimbiß und einem Café. Noch komischer ist, daß die Soda Fountains fast immer ein Teil von einer Apotheke-Drogerie waren. Die Apotheken waren ein Nachbarschaftstreffpunkt, wo man Witze erzählen konnte, über Sport reden usw. Warum, kann ich dir nicht sagen – es war halt schon immer so.

Natürlich genau wie in einem deutschen Café gehört ein „Coke", ein Sandwich oder eine gute Tasse Kaffee dazu. Das schnell und einfach zubereitete und leicht verdauliche Western-Sandwich war ideal, meistens war es auf einem weichen Roggen-Kümmel-Mischbrot serviert.
Meine „Westerns" waren nicht anders als andere, außer daß meine Paprikaschoten und Zwiebeln nicht vorgebraten, sondern roh waren und deshalb knackig blieben.
Während der Spätschicht kamen viele Polizisten und Feuerwehrleute und nahmen mehrere Westerns für ihre Kollegen im Dienst mit.
Ich habe viele schöne Erinnerungen im Zusammenhang mit dem Western-Sandwich und hoffe, daß es dir schmeckt.

Brate in Margarine:

Schinken oder Speck, fein gehackt, bis er schön knusprig ist und sich an den Enden kräuselt. Dann gib dazu:
2 Eier, mit 1 Eßlöffel Wasser verrührt
Salz und Pfeffer
1 Schuß Tabasco
und das dann so lange in der Pfanne kochen, bis die Eier anfangen zu stokken. Dann gib dazu:
½ sehr fein gehackte grüne Paprikaschote
½ sehr fein gehackte kleine Zwiebel
Klappe die Eier zusammen und serviere nach wenigen Minuten.

Da die Zwiebel und die Paprikaschote ihren Biß behalten, bilden sie einen schönen Kontrast zu den weichen Eiern.

# ‚Sloppy Joe' Sandwich

Hier handelt es sich eigentlich nicht wirklich um ein Sandwich, sondern mehr um eine Art „Matsch", den man auf Weißbrotscheiben ißt. Es kann ausgezeichnet schmecken oder auch außerordentlich furchtbar – aber das hängt natürlich vom Koch ab!
Für 2 Sandwiches:

½ Stange Sellerie – gehackt
½ gehackte grüne Paprikaschote
3 Eßlöffel Worcestersauce
½ Tasse Ketchup
1 Schuß Tabasco
Salz und Pfeffer
Lasse das leicht kochen.
Dann brate in einer extra Pfanne ½ Pfund Hackfleisch bis es braun ist, und gib es dann zu den oben genannten Zutaten. Das ganze mit etwas Wasser übergießen und noch ein wenig kochen lassen. Wenn nötig, noch mehr Wasser zugeben (Fleischbrühe kannst du auch verwenden). Die Beschaffenheit sollte nämlich richtig „matschig" sein.

Variationen: Statt Ketchup kannst du auch HEINZ 57 Sauce verwenden.

# B.B.Q.-Sandwich

Das ist leicht! Meistens wird es aus Bratenresten oder ähnlichen Fleischstücken zubereitet – mit dem Messer zerkleinert und mit Barbecue Sauce getränkt, erhitzt und auf einem Brötchen serviert!

# An Original ‚Deutsche' Sandwich!

„Thousand Island Dressing" = eine Sauce aus Mayonnaise, gehackten Paprikaschoten und Gewürzen.

# Reuben Sandwich

Dieses Sandwich wurde in den letzten 10 Jahren von Juden kreiert, die sehr oft im Nordosten der USA Delikatessengeschäfte führten. – Heute findet man es aber auf Speisekarten überall in den Staaten – von Florida bis Kalifornien und von Kanada bis Mexiko. Ich finde, daß es eine schreckliche Kombination ist, aber es ist zu amerikanisch, um es auszulassen. Probiere es, und entscheide selbst!
Verwende ein gutes Roggenmischbrot oder Pumpernickel.
Nimm für jedes Sandwich:

1 Scheibe Brot
und bestreiche bzw. belege das mit:
Butter
Corned beef in Scheiben
Sauerkraut
Emmentaler Käse

Dann im Grill überbacken, bis der Käse geschmolzen ist. Dann die andere Scheibe Brot darauflegen. Mit mittelscharfem Senf servieren. Good Luck!

**Tony Tip**

Na, und was ich lustig finde: Viele von meinen Landsleuten glauben, daß der „Reuben" typisch deutsch ist – und überall in Deutschland zu bekommen!

# Sub Sandwich

(„Sub" = „Submarine" = „U-Boot")

Fast so populär wie der Hamburger – ich möchte sogar sagen, es steht an 2. Stelle – ist das „Sub-Sandwich". Es hat seinen Namen daher, weil es von der Gestalt her sehr einem U-Boot ähnelt. In Amerika gibt es in jeder Stadt und in jedem Dorf Bäckereien, die kleine französische Brote backen, speziell zum Zwecke, die Zutaten von „Sub-Sandwiches" zu halten.

Diese Sandwiches sind auch noch unter verschiedenen anderen Namen bekannt, wie „Hero Sandwich" – denn jeder, der es schafft, eines alleine zu essen, muß ein Held sein. Oder auch als „Po-Boy" (Poor Boy). Dieser Name kommt daher, weil ein „Sub" ausreicht, um einen hungrigen Magen zu füllen – sogar dann, wenn man zu arm ist, um in ein Restaurant zum

Essen zu gehen. Ein anderer gebräuchlicher Name ist „Grinder" (Backenzahn). Aber dafür kann ich eigentlich keine logische Erklärung abgeben, außer daß man eine große Anzahl von Mahlbackenzähnen haben sollte, um ein richtiges großes „Sub" zu verschlingen.

Woher so ein Sandwich wie das „Sub" stammt, ist natürlich gar nicht nachweisbar, aber meiner Meinung nach ist es vielleicht die wichtigste und erfreulichste Erfindung der italienischen Gastarbeiter in den Staaten.

Da die Italiener die natürliche Fähigkeit besaßen, Häuser und Straßen zu bauen und Felder zu bepflanzen, waren sie zum Arbeiten immer im Freien und hatten wenig Möglichkeit, zu Hause oder in Restaurants zu essen. – Nun, was soll ein Italiener tun, wenn er sein Mittagessen 30 oder 40 Meilen entfernt einnehmen muß? Natürlich nimmt er sich seine eigene Verpflegung mit. Und gewöhnlich waren das lange Scheiben von italienischen Broten, die mit seinen Lieblingsspeisen belegt waren – und zusammengeklappt. Die Scheiben hielten gut zusammen, und so war es sehr praktisch. Dann war es auch sehr bequem, denn man konnte mit der Hand essen und brauchte weder Messer oder Gabel noch Tisch. Zum „Runterspülen" gab es dann noch eine Flasche guten italienischen Rotwein, und so versorgten sie sich ausreichend mit nahrhaften Dingen und hatten darüber hinaus sogar noch viel Freude an dieser sonst harten Existenz.

Heute natürlich hat die traditionelle Einbildungskraft der Amerikaner manche absurde und unvernünftige Kombination entwickelt – und diese werden auch als „Sub-Sandwiches" verkauft. An sich kann alles das, was aus einem italienischen Brot besteht, das der Länge nach geschnitten und belegt ist, technisch gesehen als „Sub" (U-Boot) bezeichnet werden. In der Praxis aber gibt es vielleicht nur 5 oder 6, die den Titel wirklich rechtfertigen, und die sind auch am alltäglichsten in den Staaten. Hier werde ich jetzt die 4 Arten aufführen, die die größte Nachfrage haben und den höchsten Konsum.

Bon apetito!

**Tony Tip**

Für ein richtiges „Profi" Sub sollte man das Brot nicht ganz durchschneiden – sondern nur einschneiden und dabei eine „Tasche" formen.

# Regular Sub

Ein Stück italienisches oder französisches Stangenbrot – 27 bis 30 cm lang – der Länge nach geschnitten. Die gesamte Länge bestreichen mit:

Butter oder Mayonnaise (nach Wunsch) und belegen mit
einer Lage Schinkenwurst
einer Lage Käse (am besten Mozzarella, aber Emmentaler schmeckt auch)
einer Lage gekochtem Schinken
einer Lage geschnittenen Zwiebel-Scheiben (rote, italienische Zwiebeln schmekken am besten)
Eissalat oder anderem grünen Salat
3–6 süßen Gurkenchips
Danach daraufgeben:
Oregano oder Basilikum
etwas Olivenöl – aber nicht so viel, denn sonst ist es schwer, das Sandwich zu halten und zu essen.

## Variationen:

Für Freunde feuriger Küche: Streue Pfefferonistückchen oder geschrotete Chillies darüber

# Tuna Sub

Dafür kannst du jedes Rezept für Thunfischsalat verwenden – nur Eier sind normalerweise nicht dabei! Nach Wunsch können Tomatenscheiben, Gürkchen usw. dazugegeben werden!

# Italo Sub Nr. 1

Hierfür nimmst du 4 oder 5 Fleischbällchen für jedes Sandwich (Rezept im Kapitel „Italo-Ami"). Diese zerdrückst du, um sie ein wenig zu zerkleinern, mit einer Gabel und belegst damit dein Brot. Das ganze dann schön mit „italienischer Tomatensoße" übergießen und servieren!

# Italo Sub Nr. 2

Nimm für jedes Sandwich:

½ bis 1 grüne Paprikaschote – in große Scheiben geschnitten
1 kleine Zwiebel (geschnitten) – am besten wäre eine rote italienische Zwiebel
Olivenöl
Petersilie

Alles so lange braten, bis die Zwiebeln und die Schoten schön weich sind, und dazugeben:
3 Rühreier
Salz und Pfeffer
Daraus bereitest du dann ein kleines Omelett, und das servierst du auf einem „Sub" – hervorragend!

# Steak Sub

Das könnte so ein einfaches Rezept sein, nur hat es einen Haken, weil es meistens unmöglich ist, das Fleisch zu Hause richtig vorzubereiten. – Aber laß dich deshalb nicht entmutigen, nimm als Ersatz einfach Rumpsteak, mit dem Messer gehackt, oder gewöhnliches Tatar!
Für den, der's ganz genau wissen will, werde ich hier auch den „Prozeß" für das ideale und originale Steak Sub aufführen – dafür muß das Fleisch nämlich „rasiert" werden.

Mageres Rindfleisch
so lange im Gefrierfach liegen lassen, bis es halb gefroren ist. Dann schneide es mit einem elektrischen Schneider in „hauchdünne" Scheiben (das versteht man unter „rasiertem" Fleisch). Dieses „Rasieren" ergibt einen etwas anderen Geschmack, als wenn das gleiche Fleisch durch den Fleischwolf gedreht würde.
In einem gußeisernen Topf das Fleisch braten mit:

Olivenöl
mehreren gehackten Zwiebeln
Oregano
Salz und Pfeffer

Serviere es dann heiß auf einem „Sub"-Brötchen mit 3 oder 4 süßen Gurkenscheiben. Je nach Wunsch können auch geschrotete Chillies darübergestreut werden.

# Summary

kurze Zusammenfassung

Es ist sehr schwierig, ein kurzes Kapitel über Sandwiches zu schreiben, denn dieses Thema ist ebenso tief und breit wie die menschliche Einbildungskraft . . . und ebenso verschiedenartig, wie es die menschlichen Geschmäcker sind. In Amerika wird oft behauptet (ich hörte das auch schon von einem sehr berühmten deutschen Kochbuchautor), daß man alles zwischen zwei Brotscheiben schieben kann – und voilà! Schon hast du ein Sandwich. Doch nichts könnte weiter von der Wahrheit entfernt sein! Die Kunst, ein gutes Sandwich zuzubereiten, bedarf einer Zutatenkombination, die rundherum passend, intelligent und vor allem geschmackvoll bereitet werden muß. Obwohl es schon wahr ist, daß der Geschmack von Person zu Person verschieden ist – wir sind alle nur Menschen, und manche Speisen und Gewürze lassen sich eben nicht gut miteinander kombinieren.
Aber man braucht nicht unbedingt ein Rezept, um ein Sandwich zuzubereiten. Die Sandwiches, die ich in diesem Buch beschrieben habe, sind sicher einige der populärsten, aber es handelt sich dabei auf keinen Fall um eine komplette Liste! Also werde ich dieses Kapitel mit einer kleinen Liste anderer, sehr gebräuchlicher Kombinationen beschließen.

Viel Spaß!

Leberwurst und Zwiebelringe
Corned beef und Krautsalat
Corned beef mit Senf
Corned beef, Schweizer Käse und russisches
Dressing
Heißes Pastrami mit Senf und Käse
Frankfurter mit Senf, Käse und russischem
Schinkensalat
Hühnchensalat
Lachs, Eier und Zwiebeln
Zunge und Eier
Corned beef und Eier
Philadelphia Frischkäse und Lachs
Krabbenfleisch
gewürzte Eier
Hackfleisch
Avocados
Sardinen und Zwiebeln und Senf
Fisch

T

# Barbecue & Grilling

Noch vor 50 Jahren hatten die meisten Amerikaner keinerlei Zugang zu Theatern, Konzerten oder zu anderen kulturellen Ereignissen, wie man sie in Europa gewohnt war. Was sie aber natürlich hatten, war:

eine Menge Nahrung
viel Zeit
viel Raum
viel Brennholz
das Bedürfnis nach Geselligkeit!

Und so ist es irgendwie ganz natürlich, daß die amerikanische Manie für viele Arten von Essen unter freiem Himmel entdeckt wurde, wie Picknicks, Gartenparties und vor allem Barbecueing!
Es ist sehr verbreitet (vor allem im Süden) bei Kirchengruppen, Geschäftsleuten, Pfadfindern und anderen sozialen Gruppen, ihre Aktivitäten mit dem Essen im Freien zu kombinieren. Dadurch entstanden natürlich ein Reichtum an Wissen und eine unbegrenzte Zahl von Rezepten, die für die Zubereitung der Nahrung weit weg von Küche und Eßzimmer benutzt wurden. In den letzten 10 Jahren haben meine Landsleute eine komische Gewohnheit angenommen, sie decken den Grill mit Alufolie ab, um die Putzarbeit zu vermeiden. Bitte dieses Beispiel nicht nachmachen, denn dann kannst du genausogut dein Fleisch in der Pfanne braten. Schließlich ist der Vorteil vom Grillen der Einfluß des Kohlenrauches auf das Fleisch. Außerdem bildet sich eine gute Kruste nur direkt über der Hitzestrahlung. Beide Vorteile gehen mit Alufolie verloren.
Das Nonplusultra beim Grillen ist, wenn man Hickory-Holzkohlen verwendet. „Hickory-smoked" ist ein amerikanischer Begriff für den richtig traditionellen Grillgeschmack. Leider gibt es in Deutschland keine Hickory-Holzkohlen.
Das Grillen befaßt sich noch mit viel mehr als nur mit Rezepten. Zum Beispiel mit

dem Grill selbst
den Grilltechniken
den Zutaten (Soßen, Gewürzen usw.)
Was grillt man?
Beilagen

Also! Fangen wir an! 

# 1. Der Grill

Für einen gewöhnlichen Grill-Koch, der in der Regel für eine geringe Personenzahl kocht (4–6), ist der japanische Habachi-Grill ohne Zweifel der beste. Er hat vor allem diese Vorteile, die normalerweise anderen preiswert angebotenen Grills fehlen:

ein Bodengitter, das es ermöglicht, daß auch unterhalb der Kohlen eine Luftbewegung entsteht,

eine gußeiserne Konstruktion, durch die die Hitze viel länger gehalten wird – und dann rostet so ein Grill auch nicht so leicht,

ein einfaches, rationelles System zum Verstellen.

Für einen Grillenthusiasten, der vor hat, für größere Gruppen zu kochen (vielleicht für 20 bis 40 Leute, wie ich es gelegentlich tue), ist der Hibachi-Grill eigentlich nicht angebracht. Das Problem ist nämlich, wie man die Kochtemperatur unter den verschiedenen Fleischstücken variieren soll. Das Gitter heben und senken ist bei großen Gruppen unpraktisch, ja unmöglich. Dieses Problem tritt vor allem dann auf, wenn die Gäste ihr eigenes Fleisch mitbringen, so wie es immer auf meinen Grillparties der Fall ist. Denke doch mal schnell darüber nach, in welcher Höhe du 2 Stück Fleisch zusammen grillen würdest, wovon das eine Stück 5 cm dick ist und das andere nur 1 cm. Der Koch würde langsam, aber sicher die Nerven verlieren, wenn er das Gitter laufend verstellen müßte – das Grillen sollte aber doch Spaß machen und nicht mit Arbeit oder gar mit Ärger verbunden sein.

Vorgeschlagen wird hier eine große Kochoberfläche mit unterschiedlichen Hitzestufen (siehe Zeichnung Seite 89). Allerdings kostet solch ein Grill in Deutschland 200 bis 300 DM. Meiner Meinung wäre das für jeden Grillfreund ein Grund, sich seinen eigenen Grill zu konstruieren – so wie ich es getan habe. Jeder Gelegenheitsbastler kann das genauso gut oder sogar besser. Ich ließ die Gitter und Ständer von einer Firma machen, die normalerweise Zäune verkauft. Die Pfanne habe ich irgendwo gefunden. Wichtig ist, daß die Kochoberfläche entweder aus rostfreiem Stahl oder aus Eisen ist, weil galvanisiertes Metall das Fleisch vergiften kann. Auch müssen die Gitterstäbe nah genug zusammen sein, damit keine kleinen Fleischstückchen durchfallen können – denn was wäre ein Grillfest ohne Nürnberger Bratwürste?

Ein rationeller Grill
(für 1 bis 30 Gäste)

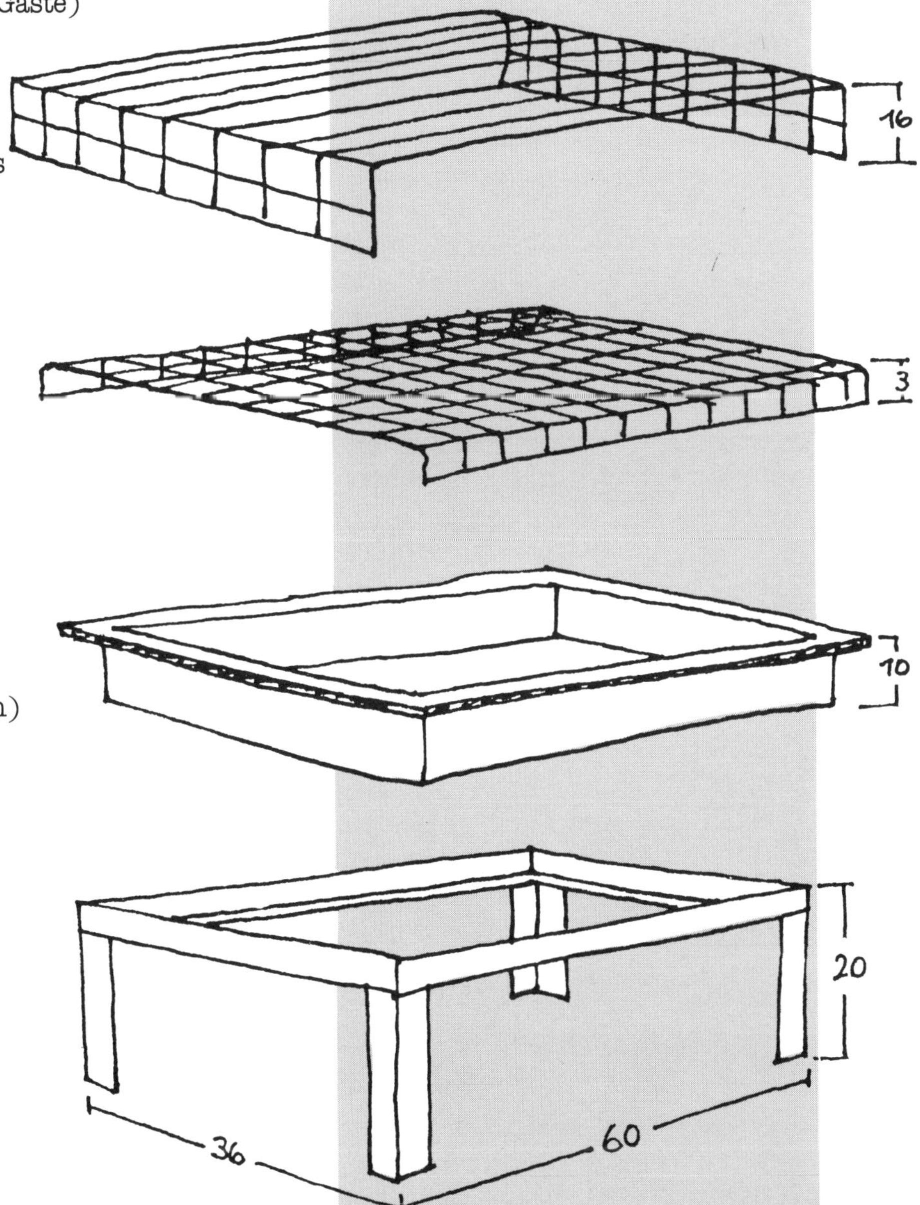

# 2. Grilltechnik

Auf vielen Grillfesten bei Freunden habe ich mit Erstaunen beobachtet, wie sie den ganzen Abend versuchten (und das wie die Wahnsinnigen), die Flammen auf ihrer Holzkohle zu halten, um das Essen „richtig zu grillen". Es ist wirklich ausgesprochen traurig, sie zu beobachten, wie sie blasen, wedeln und brennbare Flüssigkeiten in ein perfektes, gutes Holzkohlenfeuer sprühen... mit dem Endeffekt, daß das, was am Anfang richtig war, dann ruiniert wird.
Um die Speisen richtig zu grillen, sollten die Kohlen eine ¾ oder eine ganze Stunde vor der Kocherei angezündet werden – und somit ganz heruntergebrannt sein, bis sie eine total flammenlose, grauweiße Farbe haben. Ein unerfahrener Koch wird natürlich sofort behaupten, daß „das Feuer ausgegangen" sei – und er wird den Eindruck haben, daß nicht mehr genug Hitze da ist, um das Essen zu garen. – Und das bringt uns zum zweitwichtigsten Punkt beim Kochen im Freien, nämlich, daß das Fleisch langsam gegrillt werden sollte, sogar sehr langsam!
Der Sinn des Grillens ist es eigentlich, daß das Fleisch schnell angebräunt werden sollte – und das über sehr starker Hitze, damit es seinen Saft behält. Danach sollte es bei mittlerer oder leichter Hitze gar werden. (Ideal wäre es, wenn das gegrillte Fleisch in der Mitte noch ein bißchen roh und weich wäre – rosa oder englisch, je nach Wunsch.)
Hier einige einfache Tips, um diesen Effekt zu erzielen:

**1.**

Versuche es mit dicken Fleischstükken (mindestens 2 cm oder dicker)

**2.**

Salze das Fleisch nicht vor dem Grillen. Das zieht nur den Saft heraus.

**3.**

Bestreiche das Fleisch mit etwas Pflanzenöl, bevor du es auf den Grill gibst (oder mit B.B.Q.-Sauce)

**4.**

Wende das Fleisch so oft wie möglich, um den langsamen Kocheffekt zu fördern.

**TonyTip** Versuche, Kohlen zu kaufen, die in kleine „Kügelchen" gepreßt sind. Die geben eine bessere, beständigere Hitze und sind am Ende wesentlich billiger, weil sie langsamer brennen.

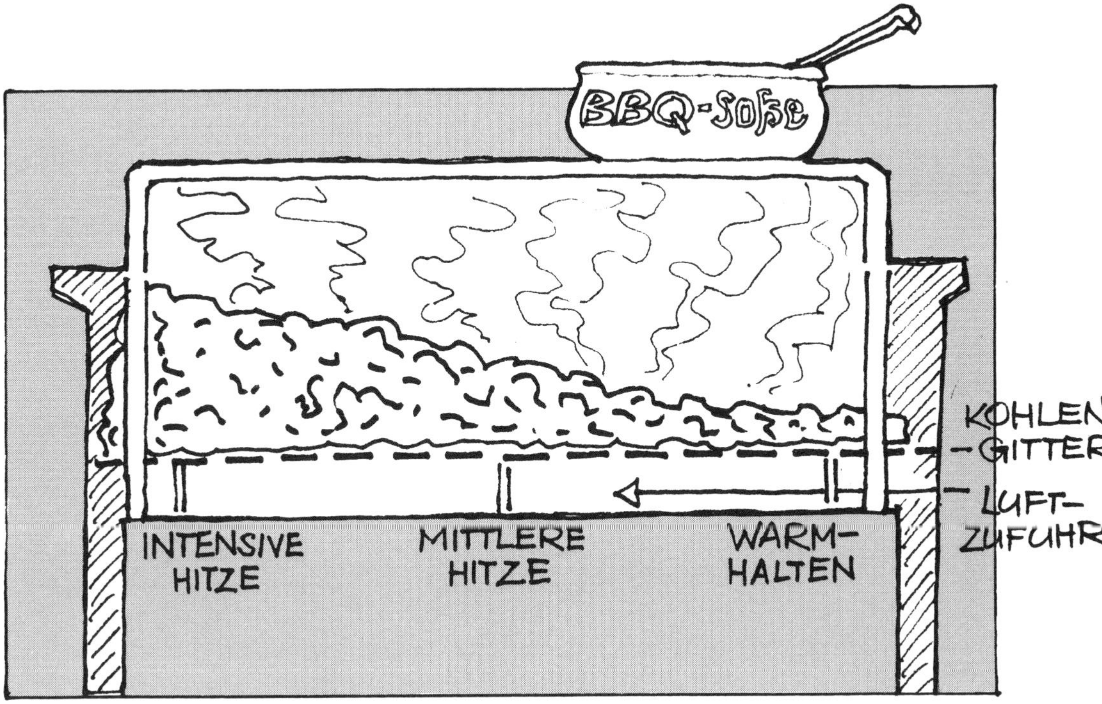
BBQ-Soße
KOHLEN-
-GITTER
LUFT-
ZUFUHR
INTENSIVE
HITZE
MITTLERE
HITZE
WARM-
HALTEN

Pinsel für Soße
Was wird benötigt?
Grillzange
Grillhandschuh
Gewürze
Wasserpistole
zum Löschen
der Flammen
Bier für den
Chef (natürlich)

# 3. Barbecue-Sauce (B.B.Q.)

Genau wie Chili-Rezepte gibt es auch so viele B.B.Q.-Saucen-Rezepte, wie es Köche gibt! Jedoch hat meistens jeder Kochenthusiast sein eigenes Geheimrezept – das er „nicht für 1 Million Dollar verraten würde!" (aber bietest du ihm mal $ 10,–!)
Vor ungefähr 2 Jahren war ich noch so naiv, zu denken, ich könnte eine gute B.B.Q.-Sauce machen und mein Rezept wäre ein Geheimnis, das ich nur meinen engsten Freunden anvertrauen würde. (Du verstehst nun, daß Kochen eine sehr ernste Angelegenheit ist – vor allem in den Vereinigten Staaten – und wir geben unsere Geheimnisse nicht leicht preis!)
Jedoch, an einem Samstagnachmittag, während ich in der amerikanischen Siedlung in Nürnberg war, bemerkte ich einen Freund von mir, der in seinem Vorgarten grillte. Ich blieb stehen, um „Hallo" zu sagen. – Dieser Mann ist ein schwarzer Sergeant und ungefähr 42 Jahre alt und hat eine sehr nette Frau, deren Spitzname „Shorty" ist. Natürlich lud mich George ein, ein Stück von seinem Hühnchen zu kosten, und genauso natürlich nahm ich die Einladung an.
Nach echter Negertradition wurde das Stück von dem Hühnchen zwischen 2 Weißbrotscheiben gelegt und mir mit einer Serviette gegeben. Nach einem Biß in diesen absolut zarten und delikaten Happen stellte ich fest, daß ich mich bei einem richtigen Kochgenius befand!
Leicht könnte ich die nächsten 20 Seiten mit verschiedenen B.B.Q.-Saucen-Rezepten füllen – aber das wäre unnötig. Außer George und Shorty's B.B.Q.-Saucen gibt es keine anderen!
Bilde dir bitte nicht ein, daß es einfach war, dieses Rezept von George und Shorty zu kriegen. Monatelang habe ich sie besucht und George immer wieder nach den geheimen Zutaten gefragt. (Natürlich habe ich dabei auch immer wieder gutes B.B.Q. gegessen und bin schließlich als „family friend" akzeptiert worden.)
Eine Woche bevor die Familie in die USA versetzt worden ist, rief George mich an und sagte, er wolle einen Rat wegen seiner Lebensversicherung. Als ich zu ihm nach Hause gekommen bin, fand ich ein kleines Abschiedsfest vor und habe das Rezept mit einer kleinen Zeremonie endlich bekommen. (Ganz nebenbei, die außergewöhnliche Zutat ist Zimt.)

Ich hoffe, daß George und Shorty nicht böse sind, daß ich das Rezept an dich weitergebe, aber ich tratsche so gerne und kann nie ein Geheimnis für mich behalten.

# George & Shorty's Sauce

Mit diesem Rezept kannst du genug Sauce für 10–15 Leute machen! Sie kann im voraus zubereitet und für 1 oder 2 Wochen im Kühlschrank aufbewahrt werden. Im Gefrierschrank hält sie sich für Monate. Gib in einen mittelgroßen Topf:

1 Dose (800 g) geschälte Tomaten
ca. ¼ Tasse Pflanzenöl
Salz
Knoblauchgranulat oder
Knoblauchsalz

Hier machst du erst mal eine Pause und versuchst, ob der Knoblauchgeschmack auch stark genug ist, das sollte er nämlich sein.

Dann gibst du dazu:
⅓ Flasche HEINZ Ketchup
1–2 Dosen (à 70 g) Tomatenmark
1 Tasse (oder etwas weniger) roten Weinessig
den Saft einer frischen Zitrone (auspressen und die ganze Schale reinwerfen)
1 Eßlöffel braunen Zucker
Zimt

Hier abschmecken – so viel Zimt dazugeben, bis man ihn herausschmeckt!
Das Ganze dann etwa 40 Minuten schmoren lassen, bis es dickflüssig wird.
Bestreiche das Fleisch jedesmal mit dieser Sauce, wenn es am Grill gewendet wird. Wenn die Sauce nicht gut vom Fleisch aufgenommen werden sollte und in die Kohlen tropft, gib etwas mehr Pflanzenöl dazu.

# Quick B.B.Q. Sauce

Wenn du mal keine Zeit oder keine Lust haben solltest, aber doch eine Sauce machen mußt, so kannst du schnell diese Sauce zubereiten.

In einer Bratpfanne eine kleine gehackte Zwiebel in etwas Pflanzenöl anbraten.

Dann gib dazu:
1 Glas HEINZ Barbecue-Sauce
Zimt
den Saft von ½ Zitrone.

# Teriyaki Sauce

Natürlich wurden in einem Land, das so begeistert vom Grillen ist, noch andere Saucentypen verwendet und entdeckt . . . vielleicht 100! Aber die B.B.Q.-Saucen sind wohl die bekanntesten. An zweiter Stelle steht aber bestimmt die Teriyaki Sauce.
Diese Sauce hat einen polynesischen Anhauch, und mir wurde erzählt, daß sie ihren Ursprung in Honolulu hätte. Dies kann ich natürlich nicht garantieren. Ich weiß nur, daß sich diese Sauce total von der Barbecue-Sauce unterscheidet und vielleicht am besten zu Hühnchen schmeckt.
Zwei Beispiele für diese Sauce findest du bei Teriyaki Steak und bei Teriyaki Broiled Chicken.

**Tony Tip**

Du könntest eine Sprühflasche (die meine Mutter einst zum Bügeln verwendet hat) gefüllt mit 50% Essig und 50% Bier dabeihaben. Zusätzlich zur B.B.Q.-Sauce das Fleisch mit dieser Mischung besprühen.
Die Theorie ist, daß das Bier dem Fleisch einen guten Geschmack gibt und der Essig es zart macht. Es sieht sehr professionell aus, bringt einen guten Geruch, und beeindruckt die Gäste sehr.

# 4. Was grillt man?

Blöde Frage – natürlich jede Sorte Fleisch oder Fisch. Man braucht wirklich kein Kochdiplom dazu. Aber sicher sind manche Fleischsorten mehr geeignet als andere. Und da wir uns ja in diesem Buch damit beschäftigen, was wirklich „ami" ist, möchte ich also die 4 populärsten hier nennen – kurz und bündig: Hamburgers, Steaks, Spare Ribs und Hühnchen.

Bevor wir nun aber zum Metzger laufen, wollen wir noch kurz über den Begriff „Barbecue" sprechen (auch B.B.Q. und Bar-B-Q sind gebräuchliche Ausdrücke).

B.B.Q.ing bedeutet ganz einfach Grillen mit einer speziellen Barbecue-Sauce. Ohne diese Soße hat man „gegrilltes Fleisch", mit dieser Soße hat man „Barbecue" – einfach!

Zusatz: Diese Definition wird heute benutzt. Früher bedeuteten aber Grillen und Barbecueing das gleiche! Das Wort „Barbecue" ist eine Ami-Abwandlung des spanischen Wortes „Barbacoa", das ganz einfach Grillen über einem Feuer im Freien bedeutet.

Jedesmal, wenn das Fleisch gewendet wird, sollte neue Sauce hinzugefügt werden – langsam bildet sich eine „Kruste" von delikatem Barbecue-Geschmack auf dem Fleisch. Manche Köche ziehen es vor, das Fleisch erst eine Zeitlang ohne Soße zu grillen und sie erst in den letzten Minuten zuzugeben. Damit bin ich zwar nicht einverstanden, aber man sollte beides ausprobieren.

In diesem Kapitel habe ich mich auf die drei häufigsten Fleischsorten zum Grillen beschränkt, aber du sollst nicht vergessen: Forelle, Shrimps und andere Fischarten.

Außerdem gibt es vieles außer Fleisch und Fisch, was sich gut zum Grillen eignet; z. B. Maiskolben, ganze Kartoffeln, Kastanien, Äpfel usw.

## Hamburger

Das haben wir aber im Kapitel „Hamburger" schon klipp und klar erledigt – oder?

## Steaks

Hier gibt es eigentlich kein Rezept, außer, daß sich dicke Stücke (3 bis 5 cm dick) wesentlich besser grillen lassen und viel saftiger bleiben. Versuche, einen „Krusteneffekt" zu erzielen (außen natürlich), und lasse sie innen rosa.

Wenn du Glück hast, findest du einen Metzger, der dir ein „T-Bone"-Steak macht. Dieses eignet sich ausgezeichnet zum Grillen. An den Rändern ist immer etwas Fett – das mußt du alle 2 cm mit dem Messer einritzen, sonst bleibt das Steak nicht flach liegen.

# Teriyaki Steak

In einer Schüssel wird folgendes zusammengemischt:

½ Tasse HEINZ Sojasauce
¼ – ½ Tasse Wasser
2 Teelöffel Ingwer
1 Teelöffel Oregano
2 gehackte Knoblauchzehen
½ Teelöffel schwarzer Pfeffer
¼ Tasse brauner Zucker
¼ Tasse Ananas- oder Orangensaft
1 mittelgroße Zwiebel, fein gehackt
1–2 Teelöffel Salz

Diese Marinade sollte für 4 Steaks ausreichen. Lege die Steaks in eine flache Pfanne oder Backform und gieße die Marinade darüber. Das sollte nun mindestens 3 Stunden ziehen – am besten aber über Nacht. Ab und zu sollten die Steaks umgedreht werden. Dann kommen die Steaks auf den Grill!

# Spare Ribs

Noch ein anderes Gericht, für das sich die Amerikaner begeistern. Manchmal wird angenommen, daß Spare Ribs eine Art amerikanisches Produkt und so in Deutschland nicht leicht zu bekommen ist. – Aber das stimmt nicht. Frage deinen Metzger einfach nach Schälrippchen. Ich grille Spare Ribs am liebsten in einem Stück (ca. 30 cm lang) – mit anderen Worten, die Innenseite eines kleinen Schweines der Länge nach geschnitten (siehe Zeichnung). Wenn du einen guten Metzger hast und er Wert auf dich als Kunden legt, dann wird er dies sicher gerne für dich tun! Außerdem wird er dich sicher fragen, ob du die Rippchen mit etwas mehr Fleisch haben willst... Aber lehne dankend ab, auch wenn es sich zu lohnen scheint – denn für so ein richtiges, gutes „finger licking" Essen ist es besser, die Rippchen haben mehr Knochen als Fleisch.
Zu diesem Thema gibt es sogar ein amerikanisches Sprichwort: „The closer the bone, the sweeter the meat!" (Je näher der Knochen, um so

zarter das Fleisch). Dieses Sprichwort läßt sich auch auf Frauen anwenden.
Es gibt eine Meinungsverschiedenheit darüber, wie Spare Ribs zubereitet werden sollen. Und zwar geht es um die Frage, ob die Rippchen roh auf den Grillrost gelegt und normal gebraten werden, ob sie vor dem Grillen in kochendes Wasser gegeben werden sollen oder ob sie vor dem Grillen im Ofen gebacken werden sollen.
Meiner Meinung nach ist die erste Möglichkeit ganz akzeptabel, aber die letzte ist mein Tip!
Ich nehme dazu eine große Pfanne mit einem Grillblech am Boden, so daß das überschüssige Fett abtropfen kann.
Gib die Rippchen in die Pfanne, decke sie gut zu und lasse sie im Backofen für 1 oder 1½ Stunden braten, bei 200° (alle 15 bis 20 Minuten umdrehen!)
Das hat verschiedene Vorteile:
Das Fleisch hat weniger Kalorien und weniger Fett.
Das überschüssige Fett ist bereits ausgetreten und kann später nicht in die Kohlen tropfen und große Flammen hervorrufen.
Das Fleisch kommt so weich aus dem Backofen, daß es leicht vom Knochen abgeht.
Die Grillzeit ist natürlich kürzer, und der Gastgeber hat mehr Zeit, sein eigenes Fest zu genießen.
In benötige gewöhnlich 2 ganze Seiten, um 3 Personen zu sättigen. Aber das soll niemanden schockieren, denn 50% davon ist Knochen. Kein normaler Esser wäre mit weniger zufrieden!
Bestreue die Rippchen mit Salz und Pfeffer und nach Wunsch mit Knoblauchsalz. Serviere sie mit Bier oder Rotwein und mit französischem Weißbrot.

# Chicken

Huhn ist besonders gut fürs Grillen geeignet – aus vier Gründen:
Es ist ein delikates, weiches Fleisch.
Die Haut mit einer Schicht Fett auf der Unterseite gibt eine perfekte Oberfläche für gutes gegrilltes Fleisch. Es wird knusprig außen und saftig innen!
Wenn es vorher in Stücke geschnitten wird, kann man es leicht ohne Besteck essen.
Es ist leicht verdaulich und hat wenig Kalorien.

# Teriyaki Chicken

Lege ½ Brathuhn (pro Person) in einem Stück auf ein flaches Blech, bedecke es mit gewachstem Papier und schlage ein paarmal kräftig mit der Faust drauf, damit das Huhn ganz flach liegt und leicht gegrillt werden kann.
Dann gib das Huhn in eine Pfanne und mache eine Marinade mit folgenden Zutaten:

½ Tasse Oliven- oder Nußöl
⅔ Tasse HEINZ Sojasauce
2 Teelöffel Ingwer
2 Knoblauchzehen
etwas Orangenschale
¼ Tasse Sherry

Mixe alle Zutaten gut und gebe sie über das Hühnchen. Lasse es mindestens zwei Stunden ziehen, am besten aber über Nacht. Das Hühnchen sollte ab und zu in dieser Teriyaki-Marinade gewendet werden. Dann laß das Fleisch ein bißchen abtropfen, bevor du es auf den Grill legst.

# 5. B.B.Q. Side Dishes

Beilagen

Zum Grillen braucht man wenig Rezepte. Man entscheidet, welches Fleisch einem am besten schmeckt, und grillt es einfach.
Aber man lebt nicht nur vom Fleisch allein – und was man zu B.B.Q. ißt, ist eine sehr wichtige Entscheidung! Es gibt dafür einige generelle Regeln. Eine geeignete Barbecue-Beilage sollte:
mindestens 24 Stunden im voraus zubereitet werden und während des Grillfestes keine Arbeit mehr erfordern – außer vielleicht die des Wiederaufwärmens,
geeignet für Selbstbedienung, leicht zu tragen sein und im Stehen oder Sitzen um den Grill gegessen werden können,
kein Messer verlangen, das heißt, man soll sie mit nur einer Hand essen können. (Wenn der Grillmeister seine Arbeit richtig gemacht hat, wird jeder Gast eine Hand immer dazu brauchen, Hühnchen, Fleisch oder Rippchen zu halten! Oder?)
Also dann – von ungezählten Möglichkeiten schauen wir uns ein paar Beispiele an.

# Boston Baked Beans

Beilage für 6–8

Ohne Zweifel das meistgegessene Gericht zum Grillfest. Boston Baked Beans stammt tatsächlich aus dem Boston unserer Kolonialzeit! Es wird wahrscheinlich für den europäischen Geschmack zu süß sein. Beim ersten Versuch würde ich empfehlen, die Hälfte des angegebenen Zuckers und der Melasse zu nehmen. Traditionsgemäß wird es mit weißen Bohnen zubereitet – aber ich verwende auch rote mexikanische und andere Bohnen.
Als Beilage für 8 Personen:

Zuerst werden 250 g Schinkenspeck in Würfel geschnitten und in einer gußeisernen Pfanne ziemlich durchgebraten. Man gibt dann die Würfel und das ausgelassene Fett in eine große Schüssel, und dazu kommen:

1 Kilo gekochte weiße Bohnen
1 große Zwiebel (grob gehackt)
2 Eßlöffel brauner Zucker
¼ Tasse Melasse

Das wird dann gut miteinander vermischt! Das Zeug in eine Backform (ca. 22 x 22 cm groß) gießen und mit 6–7 Scheiben rohem, magerem Schinkenspeck (ca. ⅓ cm dick) belegen. Dann für 20 bis 30 Minuten in den Backofen (bei 200°–220°) geben oder so lange, bis die Speckscheiben gar sind und der Bohnensaft „blubbert".
Wenn das Gericht während des Backens zu matschig wird, kochendes Wasser einrühren!

Variationen:
Dosenbohnen mit Speck und Tomaten verwenden.
Eine Dose (400 g) geschälte Tomaten zu den Bohnen geben.
½ bis 1½ Teelöffel Senf oder Senfmehl darunterrühren.

# Big Daddy's Macaroni & Cheese Casserole

Makkaroni-Käse-Auflauf
Als Beilage für 8 Leute:

Koche „al dente" in viel Salzwasser:

300 g Pasta (Teigwaren)
(Am besten wäre eine mittelgroße Pasta wie kleine Rigatoni oder „Ellbogen" – diese Größe wäre richtig!)
Die gekochten Makkaroni mit kaltem Wasser abschrecken, abtropfen lassen und in eine Backform (ca. 22 x 30 x 8 cm) geben.

Dann in einem kleinen Topf oder einer Pfanne über mittlerer Hitze zusammenrühren:

4 Eßlöffel Margarine
1 Teelöffel Salz
½ Teelöffel Senfmehl
¼ Teelöffel gemahlenen Pfeffer
1 Teelöffel HEINZ Worcestersauce
Dann unter Rühren hineingeben:
¼ Tasse Mehl
2–3 Minuten leicht kochen lassen, dann langsam unter ständigem Rühren
3 Tassen Milch
hineingießen. Schmoren lassen, bis es „smooth" ist – dann darunterrühren:
1 gehackte kleine Zwiebel
ca. 300–400 g Hartkäse (z. B. Emmentaler), in Würfel geschnitten.
Wenn der Käse total geschmolzen ist, die Mischung zur Pasta geben, gut mischen und mit etwas geriebenem Parmesankäse überstreuen.
Bei 220° ohne Deckel backen – ca. 30 Minuten. Die Oberfläche kann schön braun werden und etwas Kruste haben.

# Macaroni Salad al Tony

Immer eine mittelgroße Pasta verwenden. Wenn die Pasta zu fein ist, wird alles zu matschig – und natürlich, wenn die Pasta zu groß ist, wird es nicht matschig genug! Klar? Wie bei Baked Macaroni sind kleine Rigatoni oder „Ellbogen" richtig!
Für 10 bis 12 Esser als Beilage:

Koche „al dente"
1 Kilo Pasta
Dann in einer großen Schüssel mischen:
1–2 Becher Joghurt
1 Glas (ca. 400–500 g) Mayonnaise
1 Glas (ca. 280 g) Indian od. Exotic Relish
½ Glas (75 g) Meerrettich
2 große grüne Paprikaschoten, mittelgrob gehackt
nach Wunsch etwas mittelscharfer Senf
Salz und Pfeffer, Petersilie
Abschmecken und das ganze mit der Pasta mischen. Fertig!

# Nelson Tatro's Baked Beans

Beilage für 8–10 Personen

In einer großen Pfanne braten:

8–10 Scheiben mageren Schinkenspeck.
Wenn er durchgebraten ist, auf Fließpapier legen und das Fett abtropfen lassen. 90% von dem Fett in der Pfanne weggießen und dann braten:
200 g Hackfleisch
2 große Zwiebeln (in Scheiben)
1 Dose (ca. 400 g) Pilze in Stücken
Laß das so lange schmoren, bis das Hack gar ist.
Inzwischen öffnen wir
3 Dosen (ca. 440 g) weiße oder braune Bohnen.

Etwas von der Dosenflüssigkeit wegschütten und die Bohnen in eine Backform (ca. 22 x 22 cm) geben. Dazu werden dann die oben genannten Zutaten gegeben, außer den Speckscheiben. Dann gut vermischen mit:
2–3 Eßlöffel braunem Zucker
Salz und Pfeffer zum Abschmecken
Belege die Oberfläche mit den Speckscheiben und backe alles bei 225° für ½ Stunde im Rohr, oder so lange, bis die Flüssigkeit „blubbert".

blub blubb

# T. D.'s Kidney Bean Salad

Bohnensalat, Beilage für 4 Gäste

Dieses Gericht schmeckt am besten, wenn es 24 Stunden im Kühlschrank aufbewahrt wurde.

Die folgenden Zutaten zusammenmischen:

2 Dosen Kidney Beans (rote oder braune mexikanische Bohnen)

Wichtig:
Die Bohnen erst in einem Sieb gut spülen – da die Dosenflüssigkeit das Gericht verderben würde!

1 kleine Zwiebel, gehackt
Salz und Pfeffer
etwas fein gehackte Petersilie
Basilikum
Olivenöl nach Wunsch (ca. 2 bis 3 Eßlöffel)
Rotweinessig nach Geschmack
1 Lorbeerblatt
einfach und sehr gut!

# Green Bean Supreme

Stangenbohnen-Auflauf

Als Beilage für 6–8 Personen wird in einer großen gußeisernen Pfanne 1 bis 2 Minuten gebraten:

1 kleine Zwiebel, gehackt
in 2 Eßlöffel Butter.
Dann darunterrühren:
2 Eßlöffel Mehl
½ Teelöffel Zucker
½ Teelöffel Salz
1 Prise Pfeffer
Unter Rühren so lange braten, bis alles gut zusammengekocht ist.
Dann auf einmal dazugießen:
½ Tasse Milch
und noch 2–3 Minuten kochen lassen. Danach kommt hinzu:
½ Tasse saure Sahne
1 Tasse Emmentaler Käse in Würfeln
2 Dosen (je 450 g) grüne Bohnen (ohne Dosensaft)
½ Tasse Mandeln (gehackt, aber nicht gemahlen)
Alles in eine große, mit Butter ausgeschmierte Backform geben.
In einer Tasse zusammendrücken:
½ Tasse frische Semmelbrösel
2 Eßlöffel Butter
und in kleinen Bällchen über das Gericht streuen. Nach 20 bis 25 Minuten im Backofen bei 200°–220° wird es heiß serviert – absolut phantastisch!

# English Walnut Broccoli

Als Beilage für 6–7 Leute

In etwas Salzwasser kochen:

ca. 650 g frische oder gefrorene Broccoli

Das Wasser abgießen und die Broccoli in eine mit Butter ausgeschmierte Backform (ca. 22 x 32 x 8 cm groß) geben und beiseite stellen.

In einem Topf werden

½ Tasse Butter

4 Eßlöffel Mehl

4 Hühnerbouillon-Würfel (zerdrückt)

einige Minuten unter ständigem Rühren zusammen geschmort. Dann langsam darunterrühren:

2 Tassen Milch

Alles über die Broccoli gießen und mischen!

In einer Schüssel machst du eine Mischung von:

⅔ Tasse kochendem Wasser

6 Eßlöffel Butter

⅔ Tasse grob gehackten Walnüssen (ohne Schale natürlich!)

1 Tasse frischen (weichen) Semmelbröseln

Salz und Pfeffer, Muskatnuß und Thymian

und gibst sie über das Gericht in der Backform (aber nicht daruntermischen!)

30 Minuten bei 200° backen!

## Variationen:

Dieses Gericht ist leicht zu variieren. Ich habe es oft mit 50% Broccoli und 50% Blumenkohl zubereitet, einfach weil die Farbkombination mir gefällt. (Man ißt auch mit den Augen – oder?)

Du kannst auch Kartoffeln vorkochen und in Scheiben schneiden (wie für Bratkartoffeln) und den Boden der Backform damit 3 bis 4 cm abdekken, bevor das Gericht selbst reinkommt. Dann mußt du es mit einer etwas höheren Hitze backen, dann werden die Kartoffeln durch die Hitze und die Milch sagenhaft knusprig.

# Dave McCauley's Potato Salad

Amerikanischer Kartoffelsalat hat wenig Ähnlichkeit mit dem deutschen Gericht. Dieses einfache Rezept ist das beste, das ich bis jetzt gegessen habe – und es paßt ausgezeichnet zum Grillfleisch – vor allem zu Spare Ribs.

Für 10 bis 12 Leute braucht man natürlich eine ziemlich große Schüssel. Darin wird gemischt:

5 Pfund Kartoffeln – gekocht, geschält und in Würfel geschnitten
4–6 hartgekochte Eier – in großen Stücken
3–4 gehackte Stangen Sellerie (die Blätter aber nicht – nur die knusprigen Stangen selbst)
2 mittlere Lauchstangen in sehr feine Scheiben geschnitten (auch viel von dem grünen Teil schneiden)
1 grüne Paprikaschote, gehackt
1 Bund Radieschen (gehackt)
1 Glas (250 g) Mayonnaise
1 Becher Joghurt
Salz und Pfeffer

Serviere den Salat kalt aus dem Kühlschrank oder bei Zimmertemperatur.

**Tony Tip**

Eine große Platte auf den Tisch stellen. Du kannst den Salat mit süßem, rotem Paprikagewürz bestreuen und mit großen Scheiben von roten Paprikaschoten (die vorher in Olivenöl weich gebraten wurden) garnieren!

# Die Italo-Amis

Es ist nicht nötig, hier die Masseneinwanderung von Europäern, die ab 1920 nach Amerika kamen, zu erklären. Die Gründe könnte man mit der heutigen „Gastarbeiterstory" in Deutschland gleichsetzen – es ist der Bedarf an billigen und ungelernten Arbeitern! (Dreckarbeiter!)
Insofern gab es jedoch einen Unterschied, als die Einwanderer 4000 Meilen von ihrem sonnigen Italien entfernt waren, und so hatten sie sehr wenig Chancen, jemals wieder dorthin zurückzukehren. Damals gab es kein Mindesteinkommen, keine begrenzte Arbeitszeit, keine Gesetze gegen die Kinderarbeit und nichts von all den anderen sozialen Beihilfen, die den Gastarbeitern heute in Deutschland geboten werden. Von Wohn- oder Kindergeld war damals schon gar nicht zu träumen!
Außerdem gab es auch noch eine soziale Diskriminierung der Italos. Ein Sprichwort in vielen Italo-Wohnbezirken sagte: „Amerika braucht uns – jeder braucht jemanden, auf den er herabsehen kann!"
Das Leben war schwer wie ein Felsbrocken. Und die meisten Italiener träumten von dem Tag, an dem sie nach Hause zurückkehren könnten. Und die meisten von ihnen vergaßen vor lauter Heimweh sogar, daß die quälende Armut es in erster Linie war, die sie von Italien weggezogen hat. Zu der Zeit, als ich auf die Welt kam (1932), hatten sich die Umstände schon ein wenig verbessert. Aber ein Italiener war immer noch ein „wop" oder ein „guinea" (beides beleidigende, verletzende Ausdrücke), und die sogenannten „guten Familien" hätten ihren Töchtern nie erlaubt, mit einem Italiener auszugehen. Zu dieser Zeit hatten es aber auch schon die meisten „wops" aufgegeben, davon zu träumen, daß sie jemals wieder nach Italien zurückkehren würden ... und so begannen sie ein reges und fleißiges Arbeiten, um ihre „Bambini" – ihre nächste Generation – am amerikanischen Traum teilhaben zu lassen.
Der Wohnbezirk, in dem ich lebte, war so typisch, daß er fast aus einem Kinofilm vom Jahre 1940 stammen könnte! Über 95% der Bewohner waren Italiener, und Italienisch war auch die Hauptsprache! (Wir Kinder wuchsen natürlich zweisprachig auf).
Der Polizist an der Ecke war rothaarig, mit sommersprossigem Gesicht und sehr irisch; der Apotheker (Dr. Brand) war natürlich jüdischer Abstammung und hatte Hochschulabschluß. Die Politiker, die gelegentlich kamen, um unsere Stimmen zu werben, waren meisten WASPS ... (Weiße angelsächsische Protestanten).
Alle hatten natürlich etwas gemein-

sam – sie sprachen fließend italienisch – sie mußten es ganz einfach können!

New York City war 25 Meilen von unserer Stadt entfernt, und die Mafia hat sich um uns wenig gekümmert. Die Abneigung gegen Gastarbeiter hat sich etwas vermindert, und Namen wie Durante (ein Italo-Schauspieler), Sinatra und Dimaggio wurden zu Schlagworten. Der Erste Weltkrieg war seit langem vorbei und war als der „letzte" Weltkrieg bekannt.

An Sommernächten wurden oft Feste in unserem Viertel veranstaltet, und die Straßen wurden gesperrt, man tanzte, aß und vergnügte sich mit alten Freunden.

An heißen Sommernachmittagen wurden von der Feuerwehr oft die Hydranten aufgedreht, und auf den Straßen bildeten sich kleine Bäche und Pfützen, und die Kinder durften planschen! Kurz, es war eine gute Zeit, ein „Gastarbeiter" in den USA zu sein!

Aber in den schwersten und in den besten Perioden dieser Zeit blieben die Italiener ihrer Heimatküche treu. In allen italienischen Wohnbezirken entstanden kleine Geschäfte (meistens waren die Besitzer Italiener, aber auch oft Juden), die speziell importierten Romano-Käse, Olivenöl, grüne Oliven und natürlich auch „Pasta" aus ihrem „alten Heimatland" verkauften! Trotz des geringen Lohns, den die Italiener für ihre stundenlange Arbeit bekamen, zahlten sie doch die übertrieben hohen Preise, um das essen zu können, was sie liebten. Das wurde natürlich schnell von schlauen Geschäftsleuten beobachtet, und es dauerte nicht lange, da wurden auch schon wirklich gute „italienische" Nahrungsmittel in den Vereinigten Staaten kopiert und produziert. Von den Italienern wurde das akzeptiert und gekauft, weil ja die Waren fast so gut und viel billiger waren ... Aber die meisten sehnten sich doch immer noch zurück nach Italien zu ihrem „wirklich echten, guten Essen".

Sehr wenige hatten die Gelegenheit, nach Hause zurückzukehren, und viele von ihnen starben 40 oder 50 Jahre später als italienische Staatsbürger in den Vereinigten Staaten.

Meine Mutter war eine Ausnahme, denn sie hatte nach 35 Jahren das Geld zusammen und konnte Italien besuchen. Damals war ich schockiert und überrascht darüber, daß sie sich bitterlich beklagte – ihr schmeckte nämlich auf einmal das Essen in Italien nicht mehr. Seitdem weiß ich, daß es sich dabei einfach um eine ganz gewöhnliche Erfahrung handelt. Es scheint, als würde das Essen in Italien nicht genauso gut schmekken wie in Amerika.

Denn:

Die besten Käsesorten und Olivenöl usw., die in Italien hergestellt und vertrieben werden, werden im voraus eingekauft und dann sofort nach Amerika verschifft. Viele Italiener beklagen sich sehr, daß sie die „Reste" der Jahresproduktion essen müssen.

Der italienische Einwanderer gewöhnte sich langsam, wenn auch un-

bewußt, einen anderen „italienischen“ Koch- und Essensstil an.
Meistens sind die Produkte, die auf amerikanischen Farmen gezüchtet werden, viel hochwertiger als das, was in Italien wächst. Das beste Beispiel ist der amerikanische Weizen, der ja sogar die höchste Qualität der Welt hat – und dann die Tomaten, die schon seit über 200 Jahren von Amerika nach Italien exportiert werden, haben sich so sehr verbessert (in erster Linie aber durch die Italiener!). Viele von den großen Gemüsefarmen in den fruchtbaren Tälern von Südkalifornien werden von Italienern bewirtschaftet und sind oft ihr Eigentum.
Eine Sache während meines dortigen Lebens ist mir besonders in Erinnerung geblieben: Wenn ich an warmen Sommerabenden auf unserer „Front porch“ (Veranda) saß, ertönten die Rufe eines italienischen Gemüsehändlers, der mit seinem Karren, der voll mit frischem Gemüse beladen war, die Straße heraufkam. Das Gemüse hat er selbst am Stadtrand von White Plains gezüchtet. Oder es kam ein Wagen, voll mit frischen Maiskolben, die am Nachmittag desselben Tages noch auf den Feldern gewachsen waren. Und da waren Käufer und Verkäufer Italiener.
An solchen Abenden empfand ich es als Glück, ein junger „wop“ zu sein und im „little Italy“ zu leben.
Das, was in den Vereinigten Staaten entdeckt wurde, ist – verständlicherweise – also kein richtiges italienisches Essen. Es ist ein „Italo-Americano“-Essen. Aber es hat sich durch beide Länder entwickelt.
Also – venite con tutta la famiglia!

# Spaghetti & Meatballs alla Tina

...mit Fleischbällchen (8 Personen)

Eine meiner frühesten und schönsten Erinnerungen an die damalige Zeit (ich war wohl so 5 Jahre alt) ist das Aufwachen an den Sonntagen. Von meinem Schlafzimmer konnte ich Mama in der Küche hören, und die Düfte der Vorbereitung des Sonntagsessens krochen in meine Nase. Warme, freundliche Düfte von Oregano, Romano-Käse, Olivenöl und Fenchel.

Nach dem Frühstück (das bestand aus einer großen Tasse Milchkaffee mit viel Zucker und großen italienischen Butterbrotscheiben) saß ich dann am Tisch und formte Fleischbällchen, die Mama dann in Olivenöl gebraten hat.

30 Jahre später – das Brutzeln und den Duft der Fleischbällchen immer noch in Erinnerung – kam ich nach Italien und versuchte in vielen Restaurants „Spaghetti mit Meat Balls" zu bestellen, und das bestimmt in mehr als einem Dutzend Städten. Und was habe ich da erfahren? – Dieses Gericht ist, obwohl beeinflußt durch die neapolitanische „Polpette", 100% amerikanisch! Versuche es, vor allem, wenn du für Kinder kochst – sie werden es lieben, und du auch!

Das Rezept ist von meiner Tochter, die aus der zweiten Italo-Americano-Generation stammt und dieses Rezept von ihrer „Nanny" (das ist meine Mutter) gelernt hat.

Vermische gut mit den Händen in einer großen Schüssel:

450 g Hackfleisch
Semmelbrösel (oder ein Brötchen in Wasser aufgeweicht und mit den Händen ausgedrückt)
Oregano und Basilikum (genug, damit die Klößchen schöne grüne Farbtupfer haben)
1–3 Knoblauchzehen – zerdrückt oder fein gehackt
Salz und Pfeffer
2 Eier
1 Schuß Dosenmilch
Daraus forme dann Bällchen in der Größe eines Golfballes (oder eines Eies) und brate diese gut in Olivenöl
Außen sollten sie schön knusprig sein, aber innen nicht ganz durchgebraten. Die fertigen Klößchen einstweilen beiseite stellen.

In einem tiefen Topf bringe dann langsam zum Kochen:
2 Dosen (à 800 g) geschälte italienische Tomaten, mit einem Kochlöffel während des Kochens zerkleinern.
3–4 gehackte Zwiebeln (Ringe oder Scheiben)
4 Dosen (ca. 85 g) extrakonzentriertes Tomatenmark (mit 2 Dosen Wasser verdünnen)
Basilikum, Oregano, Knoblauchpulver und Salz und Pfeffer nach Wunsch.
Danach gib die Fleischbällchen dazu und lasse das Ganze eine Stunde oder länger leicht kochen. Serviere mit Pasta oder Spaghetti und geriebenem italienischem Käse.

**Tony Tip**

Wenn die Sauce für 24 Stunden bis 3 Tage aufbewahrt wird und dann wieder erhitzt, wird ihr Geschmack verbessert. Sie kann auch für Monate eingefroren werden.

# Braciole

Italienische Rouladen

Hier handelt es sich um eine Zubereitung, wie ich sie nie außerhalb der Vereinigten Staaten gefunden habe. Außerdem ist dieses Gericht auch durch seinen Namen verwirrend. Romeo Salta, einer der berühmtesten italienischen Köche Amerikas, übersetzt „Braciole" als „Schweinskotelett". Der „Marlin Menu-Master" bezeichnet „Braciole" als „Rib Steak". Meine Mutter nannte dieses Gericht immer „Braciole", und für diesen Gastarbeiter ist das gut genug! Also:

1 Rindsroulade (Größe nach Wunsch)
Lege sie flach hin und bestreiche das Fleisch mit:
Olivenöl
Dann daraufstreuen:
1 feingehackte Knoblauchzehe
Petersilie
1 Eßlöffel geriebenen italienischen Käse
Salz und Pfeffer
Das belegte Fleisch zusammenrollen und mit Bindfaden oder Zahnstochern zusammenhalten. Brate es rundherum an, und koche es dann in Sauce Bolognaise oder „Salsa Pumidora" (siehe Seite 112) mindestens 1 Stunde.
Wir haben dieses Gericht immer als Beilage zu Nudeln (Pasta) gegessen. Eine mittelgroße Roulade sollte dann für 4 Personen reichen. (Vier kleinere wären natürlich ein bißchen vornehmer!)

# Brodo con Polpettina & Pastina

Hühnerbrühe mit Fleischklößchen & Pasta

Bereite Fleischbällchen zu, aber ziemlich kleine (ca. 1 cm ∅). Diese können roh in eine Hühnerbrühe gegeben werden und so lange gekocht werden, bis sie gar sind.
In einem extra Topf koche dann eine ausreichende Portion „Pastina" – gut abtropfen!
Mische das mit der Suppe und serviere sie. Als Hauptgericht verwende ich immer eine größere Pasta wie „Ellbogen" oder „Occhi di lupi" (d.h. „Wolfsaugen"). – Den Parmesan auf den Tisch stellen.

# Sauce Bolognaise Francine

Francine Arsenault ist eine sehr charmante französische Frau, die mit einem Kanadier verheiratet ist, der in Nürnberg bei der U.S. Army stationiert war. Die Bolognaise von Francine ist genauso angenehm wie ihre Persönlichkeit. – Vom Geschmack her ist diese Bolognaise viel, viel besser als die meisten anderen, die ich schon versucht habe – ihr Design ist einfach, und es ist eine Freude, sie anzuschauen und zu essen.

Brate in einem großen Topf:

500 g Hackfleisch
in etwas Olivenöl
Mixe derweil die folgenden Zutaten (elektrisches Rührgerät oder Mixer):
2 mittlere Zwiebeln
2–3 Knoblauchzehen
1 Dose (800 g) geschälte italienische Tomaten
(Francine verwendet frische, geschälte Tomaten, aber ich bin zu faul dazu.)
Wenn das nun alles ganz flüssig ist, gieße es in den Topf mit dem Fleisch – dazu kommt dann noch:
Salz, Oregano (Majoran) und Basilikum
1 Eßlöffel (brauner) Zucker
und dann alles für 1 oder 2 Stunden leicht kochen lassen. 20 Minuten vor dem Servieren gib
1 kleines Glas Rotwein dazu.

## Tony Tip

Es gibt einen traditionellen Glauben, daß eine „gute" Bolognaise unbedingt 5 bis 8 Stunden kochen muß. Er stammt grundsätzlich von dem sizilianischen „Sugo" oder „Ragout". Diese Gerichte werden nämlich aus den billigsten und härtesten Fleischstücken gemacht. Aber wer gewöhnliches Hackfleisch verwendet, kann auf die lange Kocherei verzichten.

Mein Tip: Wenn die Farbe der Sauce sich von Rot nach Braun ändert, ist sie fertig! Versuch's mal!

# Salsa Pumidora al Tony

Tomatensauce

Nur sehr wenige mögen wirklich eine Tomatensauce ohne Fleisch. – Meistens liegt das an dem herben, saueren Geschmack der Tomaten – man bekommt ihn nur schwer weg. Deshalb lassen manche ein Stück Schweineschulter in der Sauce mitkochen, und vor dem Servieren entfernen sie es wieder. – Aber dann hat man ja keine Tomatensauce mehr – nur eine „poor man's" Bolognaise!

Für Vegetarier ist dies eine ausgezeichnete Mahlzeit, und die Zubereitung dauert nur 20 Minuten. Teuer ist sie auch nicht! Der strenge, sauere Geschmack der Tomaten wird allerdings weitgehend vermindert, durch den braunen Zucker und wenn man die Sauce länger kochen läßt!
Gib in eine gußeiserne Pfanne:

4 Eßlöffel Olivenöl (oder halb Öl, halb Butter)
1 mittelgroße, grob gehackte Zwiebel
1–2 Knoblauchzehen – sehr fein gehackt
Petersilie, Oregano, Basilikum und Salz

Bitte keinen Pfeffer!
Koche das dann, bis die Zwiebeln weich sind – jedoch nicht braun.

Dann folgendes dazugeben:
3 Dosen (je 85 g) extrakonzentriertes Tomatenmark
1 Dose (800 g) geschälte italienische Tomaten
1–2 Eßlöffel braunen Zucker
Salz, Oregano, Basilikum
½ Teelöffel geschrotete Chillies (nicht mehr!)
½ Tasse Rotwein
Das dann bei kleiner Flamme kochen lassen, bis es gar ist – so ungefähr 30 bis 40 Minuten.

Achtung: Sei vorsichtig, wenn du die Tomaten in das kochende Öl gibst – es spritzt ziemlich. Laß es lieber ein bißchen abkühlen, und gib dann erst die Tomaten, das Tomatenmark und den Wein zu – oder halte den Deckel bereits in deiner Hand.

**Tony Tip**
Lasse den braunen Zukker weg, und nimm statt dessen etwas grob geriebene Karotten, das gibt einen anderen Geschmack.

# Big Daddy's Bolognaise

8–10 Portionen

„Big Daddy" (das bin ich) konnte nie eine dezente Sauce zubereiten, bis er es von Francine gelernt hat. Das hier ist nun mein Anpassungsversuch – aber meine Bolognaise ist ein bißchen mehr „männlich" und strenger im Geschmack. Dieses Rezept sollte normalerweise 10 bis 12 hungrige Mäuler stopfen – wenn es allerdings sehr verfressene Typen sind, reicht es nur für 8!
Brate im besten gußeisernen Topf an:

4 große, grob gehackte Zwiebeln
2–3 sehr fein gehackte Knoblauchzehen
150 g rohes Kaßler (mit dem Messer gehackt)
2 Eßlöffel Olivenöl
Wenn die Zwiebeln glasig sind und das Fleisch anfängt, sich zu „kräuseln", gib hinzu:
600 g Rinderhack
und rühre es so lange, bis es durchgebräunt ist.

Dann hinzugeben:
1 Dose (800 g) geschälte italienische Tomaten
2 Dosen Tomatenmark
½ Tasse Rotwein
Salz und Pfeffer
Oregano, Basilikum und
1 Lorbeerblatt
genau ½ Teelöffel geschrotete Chillies (bitte nicht mehr) oder Tabascosauce.

**Tony Tip Nr. 1**: Das Geheimnis dieser Soße ist eigentlich das rohe Kaßler (oder Lachsschinken). Ganz billig ist der „Tip" nicht, aber es bringt vieles im Geschmack.
Laß deinen Metzger das Kaßler dünn schneiden – dann hacke es zu Hause mit dem Messer klein.

**Tony Tip Nr. 2**: Diese Sauce sollte ziemlich kräftig gewürzt sein – vor allem mit Oregano und Basilikum. Aber von den geschroteten Chillies sollte man nur eine Nuance merken!

# Spaghetti, Aglio & Olio

Spaghetti mit Knoblauch und Öl (für 4 Personen)

Brate in einer großen Pfanne,
in 4–6 Eßlöffel Olivenöl:

Petersilie (wenig)
3 (oder mehr) fein gehackte Knoblauchzehen
Salz und Pfeffer zum Abschmecken
sehr wenig geschrotete Chillies (½–1 Teelöffel)
Hitze wegnehmen und abkühlen lassen; dann zugeben:
¼ Tasse Wasser. Dann wieder erhitzen und mit 500 g gekochten Spaghetti servieren.

Variation: Spaghetti mit Hühnerleber. Die Zubereitung ist die gleiche wie oben bei „Aglio & Olio". In einem extra Topf in sehr wenig Öl anbraten: 250 g Hühnerleber, mit dem Messer in mundgerechte Stücke geschnitten. Dann ½ Glas Weißwein darübergießen und alles so lange kochen, bis der Wein fast weggekocht ist. Kurz vor dem Servieren über die Spaghetti geben.

# Garlic Bread

Eine „Notwendigkeit" bei den italienischen Mahlzeiten in den USA ist das Original-„Knoblauchbrot" – ein scheußliches Gebäck, das ich auch nie mehr auf all meinen Reisen wiedergefunden habe – Gott sei Dank! Ich selbst lehne es auch irgendwie ab, aber komischerweise sind die meisten meiner deutschen Gäste davon begeistert!

Lasse etwas Butter oder Margarine schmelzen und gib etwas fein gehackte Knoblauchzehen oder Knoblauchsalz dazu. Französische oder italienische Brotscheiben toasten (nur ganz leicht). Danach lasse das Brot sich mit der Knoblauchbutter vollsaugen und grille es so lange, bis die Butter brutzelt. Das serviere dann warm zu jeder italienischen Speise.

<u>Oder:</u>
Bereite die Butter und den Knoblauch genauso zu und gib einige frische Brotbrocken oder Semmelbrösel, geriebenen italienischen Käse und Petersilie dazu.
Wenn du's dann wie oben auf das Brot tust – dann kannst du ein „hochnäsiges" Knoblauchbrot servieren!

# T.D.s Berliner Spaghetti-Sauce

Als Hauptgericht für 4 Personen

Dieses Rezept hat sehr wenig mit Amerikanern oder den Italos und noch weniger mit den Berlinern zu tun. Jedoch möchte ich es dir trotzdem empfehlen, weil es so einfach zuzubereiten ist und so gut schmeckt. Ich habe es damals erfunden, als ich für eine WG in Berlin gekocht habe. Ich kaufe immer tiefgefrorenes Spinatpüree, weil ich faul bin und die Beschaffenheit gerade richtig ist.

Erst setzt du genügend Spaghetti-Wasser auf den Herd für 1 Pfund Spaghetti (bitte das Salz nicht vergessen). Dann
250 g Mozzarella-Käse
in kleine Stückchen hacken und beiseite stellen.
In einem mittelgroßen Topf bei mittlerer Hitze
Olivenöl
1–3 Knoblauchzehen, gehackt
3–5 Minuten braten lassen.
Dann kommt rein:
ca. 350 g Spinatpüree
Salz, Pfeffer, Muskat nach Wunsch
Genügend Milch (oder Dosenmilch) daß die Beschaffenheit dickflüssig ist, aber nicht matschig.
Halte diese Mischung bei niedriger Hitze warm und gib die Spaghetti in das kochende Wasser. Dann kommt der gehackte Mozzarella in die Soße. Bitte ständig rühren. Bis die Spaghetti „al dente“ sind, sollte der Mozzarella schön weich geschmolzen sein. Servieren mit einem bißchen Parmesankäse und einem kräftigen Rotwein.

**Tony Tip Nr. 1**: Wenn dein „Timing“ stimmt, schmilzt der Mozzarella nicht ganz, und deine Gäste können die kleinen, weichen Käseklümpchen genießen.

**Tony Tip Nr. 2**: Wenn du das Gericht als Vorspeise zubereitest, kannst du die Spaghetti und die Soße ohne Mozzarella in eine Backform geben und im Backofen warmhalten. Kurz vor dem Servieren kommt der Käse rein und wird die Hitze für 5–8 Minuten hoch gestellt. Serviere dann direkt aus der Backform am Tisch.

# Lasagne al Forno

Das vielleicht scheußlichste italienische Restaurantessen, das in Deutschland serviert wird, ist Lasagne. Immer bekommt man eine „Suppe" oder einen „Pudding" – überbakken mit Gummipaste, mit einer geschmacklosen Sauce und mit Käse, der aussieht wie Leim!

Eine richtig gute Lasagne wird in einer tiefen Schüssel oder Pfanne gebacken, die normalerweise ca. 8 cm tief sein sollte. Man muß darauf achten, daß die Mischung von Käse, Sauce und Nudeln zwar feucht ist (nicht matschig!), aber doch fest. Eine Lasagne sollte so fest und trocken sein, daß sie in Rechtecke oder Quadrate geschnitten werden kann und die Teile mit einem Schieber aus der Form genommen werden können wie ein Stück Kuchen.

Erst kommt eine „Etage" Pasta, dann 50% der Mozzarella-Scheiben und 50% der Ricotta-Mischung, und das ganze gut mit Sauce übergießen. Dann wiederholst du das noch einmal. Obendrauf legst du die dritte Schicht der Pasta und gibst viel Sauce und Parmesankäse darauf.

(Wer mag, kann obendrauf anstatt Sauce Bolognaise Béchamel-Sauce geben.)

Laß dich durch die scheinbare Länge des Rezeptes bitte nicht entmutigen. Wenn du es einmal versucht hast, wirst du feststellen, daß es eigentlich ganz einfach ist, dieses Essen zuzubereiten. Außerdem ist es auch kein anspruchsvolles Rezept, und wenn du etwas mehr oder weniger Zutaten nimmst, so macht das auch keinen großen Unterschied. Genauso ist es nicht wichtig, ob das Gericht 15 Minuten, kürzer oder länger im Backofen bleibt!

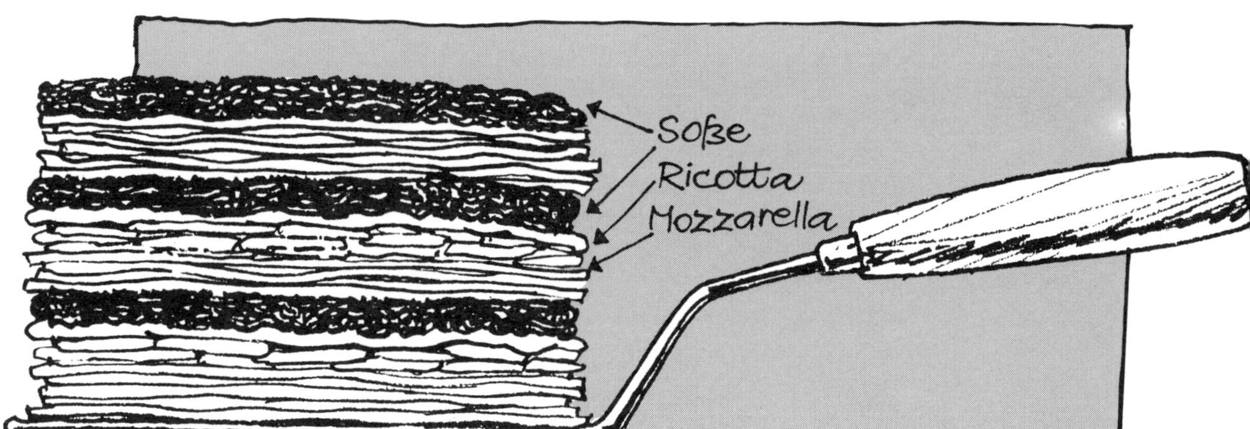

Dann ist da noch ein anderer Vorteil: Lasagne kann schon einige Tage im voraus zubereitet und bis zum Servieren im Kühlschrank aufbewahrt werden. Dann direkt in den Backofen und nur wärmen.
Bon apetito!

Zuerst heizt du den Backofen auf 200°–225° vor, dann bereitest du diese Käsemischung und läßt sie in der Mixschüssel stehen:
500 g Ricottakäse (Hüttenkäse geht auch)
3 große Eier
Salz und Pfeffer
Petersilie, Muskat, Basilikum
(Am besten mischt man das mit der Hand)
Dann bereitest du folgendes vor:
500 g Mozzarellakäse, in ½ cm dicke Scheiben geschnitten
ca. 250–300 g geriebenen italienischen Käse
eine große Portion Sauce Bolognaise und stellst es ebenfalls beiseite.
Dann kochst du „al dente" in einem großen Topf mit gesalzenem Wasser
500 g Lasagne-Nudeln
Dann in einer mit Butter oder Öl geschmierten Backform (ca. 24 x 36 x 8 cm groß) alles in Etagen stapeln (wie in der Zeichnung) und zugedeckt in den Backofen stellen. In ca. 25 bis 30 Minuten (oder sobald alles brutzelt) wird es fertig sein.
Mach dir keine Sorgen, wenn die Seiten oder der Boden <u>ein bißchen</u> dunkel werden. Als Kinder hatten wir immer Spaß gehabt, diese „Kruste" zu kauen!

**TonyTip** Nr. 1: Die Nudeln kleben furchtbar zusammen beim Kochen. Aber mittlerweile gibt es grüne Lasagne-Nudeln von der Fa. Barilla u. a., die man nicht vorkochen muß. Ich habe sie öfter probiert und bin sehr zufrieden damit.

**TonyTip** Nr. 2: Weil es selten eine Lasagne-Backform mit Deckel gibt, kannst du ganz einfach Alufolie verwenden. (Man soll das Kochen – wie das Leben – nicht so kompliziert machen – oder?)

<u>Anmerkungen:</u> Wenn dein Geld knapp ist, könntest du auch Edamer statt Mozzarella verwenden, aber wie bei allen Kompromissen verliert die Lasagne dann an Qualität.
Wenn du grüne Spinat-Nudeln verwendest, wird es professioneller aussehen – und vor allem werden deine Gäste dich sofort als „Bon Gustaio" erkennen!
Ich mache Lasagne absichtlich etwas trocken und stelle eine Schüssel Sauce auf den Tisch zum Übergießen. Aber diese „Untat" ist recht schwach von mir – ein „Profi" sieht zu, daß alles „just right" aus der Pfanne kommt!

# Rigatoni al Forno

für 6–8 Personen

Rigatoni sind Makkaroni, die in Deutschland sehr vernachlässigt werden. Dieses Gericht ist ähnlich wie Lasagne, aber leichter und schneller vorzubereiten.
Für 6 bis 8 Leute braucht man:

500 g Rigatoni, „al dente" gekocht
300 g Mozzarellakäse (oder Edamer)
300 g Ricottakäse (oder Hüttenkäse)
3 bis 4 Eier (je nach Größe)
Salz, Pfeffer, Petersilie, geriebene Muskatnuß
Romano oder Parmesankäse (gerieben)
Sauce Bolognaise

Dann einfach wie Lasagne vorbereiten!

# Melanzane al Forno

Auberginen

Als Hauptgericht für 4 oder Beilage für 6 Personen

Auch dieses einfache und leckere Essen ist ähnlich wie Lasagne, aber nachdem die Auberginen vorbereitet sind, geht es wesentlich schneller und leichter.

Dafür brauchst du eine große Bratpfanne und eine Backform ca. 24 x 24 x 7 cm groß. Diese Menge reicht für 4 Leute als Hauptgericht – oder für 6 Personen als Beilage.

50% Olivenöl + 50% Pflanzenöl
2 große Auberginen
Salz
300 g Mozzarella (oder Edamer)
150 g Parmesan
Sauce Bolognaise oder italienische Tomatensauce
Romano oder Parmesan

Erst werden die Auberginen in ca. 1 cm dicke Scheiben geschnitten und mit ziemlich viel Salz bestreut. In einer Schüssel oder in einem Sieb eine halbe Stunde ziehen lassen (bis sich „Schweißperlen" bilden). Dann unter dem Wasserhahn abspülen. Nun mit einem Geschirrtuch abtrocknen und leicht mit Salz und Pfeffer würzen.
Die Bratpfanne wird mittlerweile aufgeheizt, nachdem der Boden mit ca. ½ cm Öl bedeckt wurde. Die Auberginenscheiben von beiden Seiten braten, bis sie gar sind. Nach Bedarf noch ein bißchen Öl hinzugeben, weil die Auberginen wahnsinnig saugen!
In der Backform wird der ganze Kram hochgestapelt, so:

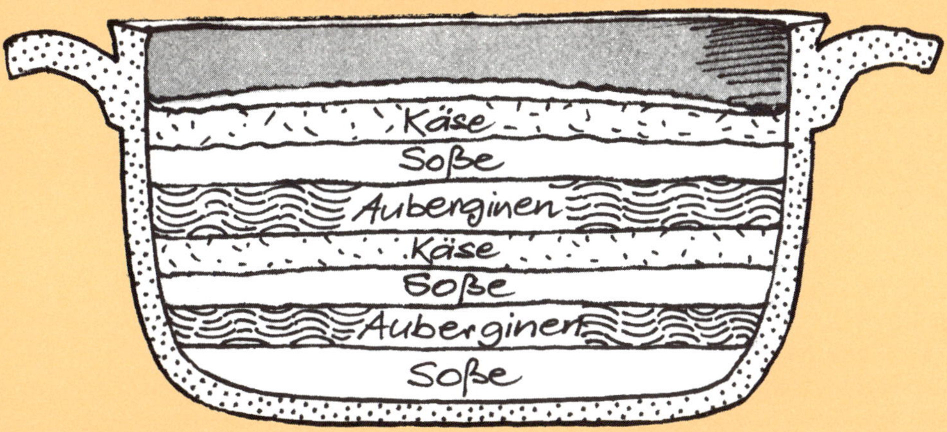


und mit viel geriebenem Parmesan überstreut.

Nach 15 bis 20 Minuten im Backofen mit 200° bis 220° wird alles picobello fertig sein!

**TonyTip**

Wenn deine Sauce Bolognaise richtig gewürzt ist, brauchst du keine anderen Gewürze außer Salz und Pfeffer.

# Pollo alla Cacciatora

Huhn nach Jägerart
Hauptgericht für 4–6 Personen

Für dieses Gericht haben die Italo-Amis das Original-„Old-Country"-Rezept sehr stark abgewandelt. Es macht Spaß, es zu kochen und zu essen. Dafür brauchst du einen billigen, süßen italienischen Tafelrotwein – für beides – zum Kochen und zum Trinken.

Als Hauptgericht für 4–6 Personen (mit Reis als Beilage) brauchst du ein ganzes Huhn, geteilt in 8 Stücke – oder kaufe das Hühnerfleisch in Stükken – 2 Stücke pro Kopf. In eine große Pfanne gibt man:

3 Eßlöffel Olivenöl
die Hühnerstücke
und läßt das so lange braten, bis das Huhn überall „golden" ist.
Mittlerweile in einer Schüssel vorbereiten:
1 grüne Paprikaschote
(grob gehackt)
1 mittelgroße Zwiebel
(grob gehackt)
2 Knoblauchzehen – fein gehackt)
Die Hühnerstücke aus der Pfanne nehmen, wenn nötig, ein bißchen mehr Öl zugeben und die Paprikaschoten, Zwiebeln und Knoblauchzehen braten, bis die Zwiebeln gelb sind.
Dazu kommt:
1 Dose (ca. 800 g) geschälte italienische Tomaten
1–2 Lorbeerblätter
Salz und Pfeffer
2 Dosen (je ca. 75 g) doppeltkonzentriertes Tomatenmark
Oregano und Basilikum nach Geschmack – aber ziemlich reichlich!
½ Teelöffel (nicht mehr!) geschroteter Cayennepfeffer
Laß das alles für 5 bis 8 Minuten schmoren.
Den Satz auf dem Topfboden mit einem Holzlöffel loslösen und die Tomaten etwas zerdrücken, dann die Hühnerstücke wieder in die Pfanne geben.
Dazugießen:
ca. 1½ Tassen Weißwein oder (meine Meinung: noch besser) Rotwein
bis die Hühnerstücke gerade bedeckt sind. Alles 30 Minuten schmoren lassen oder bis das Fleisch gar ist.
Das sollte einen kräftigen, männlichen Geschmack haben und verlangt als Beilagen einfach Reis, einen grünen Salat mit Rotweinessig und, wie gesagt, einen kräftigen roten Tafelwein!

# Pasta e Fagioli

Pasta & Bohnen

Dieses Gericht ist so billig und macht so satt, daß ich es als richtiges „Italo-Soul Food“ sehe. Dieses Rezept für 4 Personen kannst du leicht in 20 Minuten zubereiten.
Es werden

300 g Pasta (egal was – aber mittelgroß) in Salzwasser „al dente“ gekocht und in einem Sieb beiseite gestellt.
Dann in einer großen gußeisernen Pfanne
½ cm Olivenöl
2 ganze Knoblauchzehen etwas zerdrücken und zusammen braten, bis die Zehen braun sind. (Nun kannst du die Knoblauchzehen wegwerfen).
In das Öl geben:
1 Dose (ca. 440 g) weiße italienische Bohnen (ohne Dosenflüssigkeit)
Salz und Pfeffer nach Wunsch
die bereits vorbereitete Pasta.

Alles gut warm werden lassen und mit geriebenem italienischen Käse servieren.

## Variation:

Manche Leute geben Zwiebelscheiben zu dem Öl, bevor die Bohnen hineinkommen. Meiner Meinung nach sind die Zwiebeln unnötig.

Die richtige Pasta aber ist sehr wichtig. Kleine Rigatoni oder „Ellbogen“-Pasta sind am besten!

# Chicken

Hühnchen

In meiner Kochbuchsammlung gibt es ein Buch, das den Titel „301 Hühner-Rezepte – Amerikanische Favoriten" trägt. In einem anderen Buch, geschrieben von James Beard, Amerikas bekanntestem Kochbuchautor, sind genau 110 Rezepte darüber aufgeführt mit Variationen. Amerikaner sind ja in der ganzen Welt als Rindfleischfresser bekannt, aber ihr Hühnerfleischverbrauch liegt bestimmt gleich dahinter!

Ich bin überzeugt davon, daß die Amerikaner nicht nur die größten, sondern auch die enthusiastischsten Hühnchenesser der Welt sind. – Warum? Ich kann es nicht ganz beantworten. Bestimmt liegt es an dem niedrigen Preis des Hühnerfleisches in den USA, und sicher liegt der niedrige Preis an unserem Überschuß seit 100 Jahren an Getreide, vor allem Mais und Weizen. Dazu kommt noch, daß das Huhn ein sehr strapazierfähiges Tier ist, das leicht zu züchten ist. Deshalb war es ja auch immer das „Steak des armen Mannes" in den USA. Die italienischen Einwanderer waren berühmt für ihre Hühnerzucht im Hinterhof – und das sogar innerhalb der Stadtgrenzen von großen Städten wie New York City.

Da das Hühnchen von einem Vogel aus Südostasien abstammt, ist es nicht verwunderlich, daß die Chinesen auch ein Fingerspitzengefühl dafür haben. Ich weiß jedoch nur wenig über die asiatische Küche und kann nicht mehr dazu sagen.

Trotz meiner Meinung, daß die Amis die größten Hühnerfresser sind, muß ich den Titel der besten Hühnerköche den Italienern zusprechen. (Eingebildet bin ich gar nicht, oder? – Ihr berühmtestes Hühnergericht ist „Pollo alla Cacciatora"; das Rezept dazu findet man im Kapitel Italo-Ami.)

Aber im Moment betrifft unser Thema die American Cuisine – und da verbleiben wir. O.k.?

# Fried Chicken

Brathühnchen ist sicherlich überall bekannt, aber kaum (wenn überhaupt) irgendwo so populär wie in den USA. Jedoch gibt es einen Unterschied zwischen „Fried Chicken", das dem europäischen Brathühnchen sehr ähnlich ist, und „Southern Fried", das eine rein amerikanische „Herzensnahrung" ist.

# Southern Fried Chicken

Einige generelle Tips:

**Das Fett** Um den besten Geschmack zu erzielen, solltest du Palmin oder ein ähnliches Fett verwenden. Mit Butter oder Olivenöl kannst du ein delikates Mahl zubereiten – aber es wäre dann kein „Southern Fried" mehr.

**Temperatur** Das Öl sollte ziemlich heiß sein, bevor das Huhn hineinkommt, dadurch entsteht nämlich eine schöne Kruste!

**Die Pfanne** Wenn möglich, sollte es eine gußeiserne Pfanne sein und groß genug, daß das ganze Huhn hineinpaßt und auf einmal gebraten werden kann. (Willst du aber für mehr als 4 Personen kochen, so ist das natürlich unmöglich!)

**Dunkle Fleischstückchen** Sie sollten als erstes ins Fett kommen, da sie ein wenig mehr Bratzeit brauchen als das weiße Fleisch.

Das verflüssigte Fett soll in der Pfanne nicht höher als 1 cm sein. Zuviel macht das Fleisch nur „matschig" und zu fett.

Die gebratenen Fleischstücke immer gut abtrocknen, um überschüssiges Fett zu entfernen.

Einen Lappen bereitlegen, um das Fett, das überall herumspritzt, wegzuwischen. Wenn das Öl heiß genug ist, ist das leider unvermeidlich.

Aber laß dich deshalb nicht entmutigen – denn das Gericht wird ausgezeichnet schmecken! Denke daran: Ohne Fleiß kein Preis!

Beim Hühnerbraten (auch wenn es nicht „Southern Fried" sein sollte) sollst du immer die Hautseite zuerst ins Fett legen. Warum, kann ich nicht erklären, aber das Fleisch bleibt dadurch saftiger.

Als Beilage kannst du wählen zwischen Kartoffelsalat, Kartoffelbrei, Hush Puppies, gebackenen Bohnen und jedem Grünzeug!

# T. D.'s Southern Fried Chicken

Dieses Rezept findest du im Kapitel „Soul Food". Es ist einfach und delikat. Pro Person nehme ich normalerweise einen Oberschenkel und eine halbe Brust.
Ich setze mein Rezept nicht an die erste Stelle, weil es das beste ist, sondern weil es leicht zuzubereiten ist – denn ich möchte nicht, daß du den Eindruck hast, dieses delikate Gericht sei kompliziert. Ich würde vorschlagen, das folgende Rezept auch zu versuchen – es ist absolut delikat.

# Milk Fried Chicken

...mit Milch gebraten

Kaufe für 4 große Esser
8 Hühnerstücke nach Wunsch (oder 1 großes, schweres Huhn, das du selbst zerteilst.

Reinige die Stücke gut unter fließendem kaltem Wasser, trockne sie mit einem Küchentuch und bestreue sie leicht mit
Salz und Pfeffer
Gib dann in einen großen Topf:
3 Tassen frische Milch
den Saft einer halben Zitrone
Dann gib die Hühnerteile in diese Flüssigkeit und lasse sie für mindestens 2 Stunden liegen, damit sie sich gut vollsaugen. Noch besser wäre es, wenn sie über Nacht in der Flüssigkeit bleiben könnten und dann erst 2 Stunden vor dem Kochen herausgenommen werden.

Schmelze dann in einer großen Pfanne
1 cm Palmin
und während du das Palmin erhitzt, bereite
1½ Tassen Mehl
3 Teelöffel Salz und etwas Pfeffer
in einer kleinen Schüssel vor und wende darin die dunklen Hühnerstücke 3- oder 4mal gut und lege sie dann in das heiße Fett. Das gleiche wiederholst du dann mit den weißen Fleischteilen.
Brate dann das ganze unbedeckt für 12 bis 15 Minuten – dann umdrehen und die andere Seite noch einmal für 10 Minuten abgedeckt braten.

Tony Tip

Wichtig:
Aus dem Fett nehmen und das überschüssige Fett gut mit Papierserviette abtupfen; denn ein gutes Brathuhn ist immer trocken und knusprig!

# Italian Fried Chicken

Brate das Hühnchen in 50% Olivenöl und 50% Butter oder Margarine. Dem Öl kann folgende Gewürz-Kombination hinzugefügt werden:
Knoblauchzehen
Rosmarin
Petersilie
Oregano oder Basilikum
Das Huhn mußt du natürlich waschen und trocknen und leicht mit Salz und Pfeffer bestreuen, bevor du es ins Öl gibst.
Einfach, aber delikat!

# Fried Chicken Gravy

Wer mag schon gern matschige Kartoffeln oder Reis als Beilage – du solltest also unbedingt diese Gravy machen.
Ungefähr ¾ des Fettes entfernen, das nach dem Braten in der Pfanne geblieben ist. Zum Rest gib dann:

2 Eßlöffel Mehl
Umrühren und so lange kochen, bis die Masse dunkelbraun ist. Dann langsam unterrühren:
1½–2 Tassen der Milch, in der das Huhn eingeweicht war.
Die Hitze wegnehmen und 2–3 Minuten leicht ziehen lassen, bis es zu einer dicken Masse wird. Dann abschmecken mit Salz und Pfeffer und servieren!

# Brunswick Stew

6 Portionen

Indianer-„Squaws“ von den Stämmen der Powhatan, Chickahominy und Cherokee hatten ständig einen Topf über dem Feuer. Das Leben war hart, und das nächste Essen war nie sicher. Deshalb durfte kein Gramm Nahrung verschwendet werden, und jeder kleine Rest – ob Gemüse oder Fleisch – kam in den Topf.
Sehr häufig und sehr beliebt war eine Mischung von Wild und Geflügel (normalerweise Eichhörnchen, Hase und Truthahn) mit Mais, Bohnen und Tomaten. Dieses Eintopf-Gericht wurde von unseren Einwanderern Brunswick Stew genannt.
Außer daß heute anstatt Wild Hühnerfleisch verwendet wird, ist das Rezept das gleiche wie vor 250 Jahren.
Für 6 Personen kommt in einen großen Topf:

1 Huhn (ca. 2½ Pfund) mit Kleinfleisch
genügend Wasser, daß das Huhn bedeckt ist
1 Lorbeerblatt
5 Pfefferkörner
etwas Petersilie
1 Selleriestange, gehackt
Laß das ganze 1½ bis 2 Stunden schmoren oder so lange, bis das Fleisch zart ist und sich leicht vom Knochen lösen läßt. Nimm dann das Huhn aus dem Topf, löse das Fleisch von den Knochen und gib es in Würfel geschnitten zurück in den Topf. Dann kommt dazu:
1 große Kartoffel, geschält und gewürfelt
1 große Zwiebel, geviertelt
1 Dose (ca. 350 g) Maiskörner (ohne Dosensaft)
1 Dose (ca. 350 g) Limabohnen
1 Eßlöffel Salz
schwarzer Pfeffer
1 Teelöffel Oregano
Alles noch eine halbe Stunde schmoren lassen oder bis das Gemüse gar ist. Dann dazugeben:
3 geviertelte Tomaten und noch 10 Minuten kochen lassen.

Guten Appetit!

# Debbie's Easy Rider Chicken

Diese einfache Mahlzeit hat dazu beigetragen, daß die amerikanischen Frauen den Ruf von „faulen Hausfrauen" haben. Nichtsdestotrotz, es schmeckt ausgezeichnet – vor allem, wenn es mit gebackenen Makkaroni und mit grünem Salat serviert wird!

Nimm pro Person 2 bis 3 Hühnerteile nach Wunsch und brate sie bei mittlerer Hitze in
Butter mit
2–3 ganzen Knoblauchzehen
Salz und Pfeffer nach Geschmack
Brate sie (die Haut nach unten) für 6 bis 8 Minuten, nimm dann die Knoblauchzehen heraus, wende die Stücke und brate sie noch einmal für 6 bis 8 Minuten. Nimm dann das Huhn aus dem Fett, rolle die Stücke in mit den Händen zerbröselten Kartoffelchips oder Cornflakes und überbacke das ganze dann im Backofen für 20 bis 30 Minuten bei mittlerer Hitze.

## Variationen:

Statt Cornflakes oder Kartoffelchips kannst du die Hühnerstückchen in folgendem rollen:
eine Mischung aus Semmelbröseln und Rosmarin;
eine Mischung von fein gehacktem Knoblauch, Petersilie und geriebener Zitronenschale (natürlich brauchst du dann den Knoblauch beim Braten nicht);
fein gehackte Erdnüsse oder Mandeln;
für Naturkostfreaks:
in Gamasio – nicht nur lecker, sondern auch gesund.

# Cuban Chicken & Yellow Rice

Kuba-Huhn mit Safran-Reis für 4 große Esser

Kurz nachdem Castro Kuba von dem Yankee-Imperialismus befreit hatte, haben sich über 1 Million Kubaner von Castros „Befreiung" zu befreien versucht. Über 500000 von ihnen wanderten nach Miami aus und siedelten sich dort an, weil diese Stadt im Klima den kubanischen Städten zum größten Teil sehr ähnlich ist.

Außer daß sie einen interessanten südamerikanischen Einschlag mit in die USA brachten, haben sie auch dieses Gericht importiert. – Dieses Rezept habe ich von meiner Tochter Toni, die in Miami lebt. Keine Angst, weil das Rezept so lang ist. Es ist eine einfache Mahlzeit, sowohl in der Zubereitung als auch im Essen:

Dünste in einer großen Pfanne:
1 große, gehackte Zwiebel in
50% Olivenöl und 50% Butter
(oder Margarine)
Salz, Pfeffer, Oregano,
Knoblauchsalz und Basilikum
bis die Zwiebel weich ist.
Dann hinzugeben:
1 großes Brathuhn, in die Stücke geschnitten, die serviert werden.

Auf allen Seiten gut anbraten, bis es „golden" ist, und dann dazugeben:
3 Tassen Wasser
2 Tassen Dosenpilze
2 Tassen ungekochten Reis
1 Messerspitze Safran
Koche nun das Huhn so lange mit dem Reis zusammen, bis der Reis fertig ist.

Dieses Gericht wird traditionell mit Erbsen und geschnittenen roten und grünen Paprikaschoten serviert. (Die Paprikaschoten erst in einer extra Bratpfanne in Olivenöl weichdünsten). Ich gebe statt Wasser lieber Hühnerbrühe dazu – doch Tonis Gericht war besser als meines. – Vielleicht weil sie ein bißchen „Liebe" für ihren „Poppa" mit hineingekocht hat!

Für die ästhetische Wirkung sollte das alles auf einem großen Servierteller auf den Tisch gebracht werden. In die Mitte kommt das Hühnerfleisch, ringsum die grünen Erbsen und ganz außen der schöne, gelbe Reis. – Dann mit den roten und grünen Paprikaschoten „artistically" garnieren. (Wir sollten nie vergessen, daß man auch mit den Augen ißt!)

Also, daran sei noch einmal erinnert – die Hühnerstücke bleiben im Topf, wenn der Reis gekocht wird; das gibt nämlich den speziellen „kubanischen" Flavour.

# Rio Grande Chicken

Das ist ein Pueblo-Indianer-Gericht, das von spanischen Pionieren „entdeckt“ worden ist, die sich im Gebiet des Rio Grande niederließen.
Laß dich nicht von den ungewöhnlichen Zutaten entmutigen! Das ist das beste und interessanteste Hühner-Gericht, das ich bis jetzt gegessen habe! Die Kürbiskerne kann man in guten Gewürzgeschäften schon geschält kaufen. Die Popcorn-Kerne kauft man im Reformhaus.

Für 4 Personen braucht man:
8 Stücke Hühnerfleisch (nach Wunsch Schenkel, Brust usw.)
2–3 Eßlöffel Popcorn-Kerne

Die Popcorn-Kerne werden in einer kleinen Bratpfanne mit Deckel mit wenig Pflanzenfett erhitzt. Die Pfanne dabei ständig hin und her schieben, so daß die Kerne immer in Bewegung sind und nicht anbrennen. Man muß den Deckel mit den Händen festhalten, weil nach 2 Minuten die Kerne anfangen zu „poppen“ (platzen). Sie würden sonst bis zur Decke springen. Den Deckel so lange festhalten, bis sie nicht mehr krachen. Von dem fertigen Popcorn wird dann eine Tasse in einem Mixer grob gemahlen und in eine große Schüssel gegeben. (Das übrige Popcorn kannst du mit Butter und Salz essen.) Wer keinen Mixer hat, kann das Popcorn in ein Geschirrtuch rollen und mit der Faust zusammenschlagen.
Dann werden
100 g Kürbiskerne
auch im Mixer grob gemahlen und zum Popcorn gegeben. Dazu gibst du:
1 Teelöffel Cuminkerne (oder Cuminpulver)
¼ Teelöffel Koriander
1 gehäuften Eßlöffel Chiligewürz
1 Knoblauchzehe, fein gehackt
2 mittelgroße Tomaten (im Mixer flüssig machen)
2 Tassen Hühnerbouillon
Alles gut vermischen und beiseite stellen.
In einem großen Topf werden die Hühnerstücke in Pflanzenfett gebraten, bis sie überall goldbraun sind. Dann gibst du die vorbereitete Mischung zu den Fleischstücken in den Topf. Laß das für 30 Minuten schmoren, bis das Hühnerfleisch gar ist.

Dies ist eines der wenigen Gerichte, die normalerweise kein Salz brauchen. Aber hier sollst du kosten und selbst entscheiden.
Es wird mit Reis oder Maisgrütze serviert als 100%ig amerikanisches Gericht.
(Natürlich geht es auch sehr gut mit Kartoffelbrei.)

MORNING DARLING

# Breakfast

Da Europa in den letzten 20 oder 25 Jahren von Tausenden (oder vielleicht von Millionen) von Amerikanern besucht wurde (sei es als Touristen oder durch die Army), ist das typische amerikanische Frühstück – bestehend aus Schinken und Eiern – eigentlich ziemlich bekannt geworden.
Aber das amerikanische Frühstück ist noch viel phantasievoller, und es gibt noch wesentlich mehr Variationen als nur Schinken und Rühreier. Und in den USA zählt das Frühstück sogar zu den wichtigsten Mahlzeiten des Tages. Es wäre unmöglich, einen spezifischen Grund anzugeben, warum sich das amerikanische Frühstück so von dem unterscheidet, was morgens in Europa zu sich genommen wird. Für einen Amerikaner ist es nur vernünftig – morgens braucht er seine Kraft für die Arbeit, die ja immerhin 4 bis 5 Stunden dauert, bis es Zeit zum Lunch ist, und diese Kraft bekommt er eben nur durch kräftige Nahrung mit hohem Proteingehalt, die ihm Energie und Ausdauer gibt.
Das Frühstück in Europa besteht genau aus dem Gegenteil – in erster Linie aus Zucker und Kohlenhydraten (Weißbrot und Marmelade) und aus sehr wenig Fett in Form von Butter, die ja nur einen minimalen Nährwert besitzt. Dieses sogenannte „Continental Breakfast" – auch wenn es oft sehr delikat ist – ist in jeder Hinsicht unvernünftig. Es hat einen so hohen Gehalt an Kohlenhydraten, die im Körper schnell in Zucker verwandelt werden, und so hält das Energiegefühl nur kurz an, denn der Zucker wird relativ schnell absorbiert, und um 9.00 Uhr oder 9.30 Uhr ist dann auch der Blutzuckergehalt ziemlich niedrig, und schon gibt der Körper wieder Hungersignale. Meiner Meinung nach kommt daher auch das allgemein verbreitete „zweite Frühstück" – das dann aus mehr Brot, mehr Butter oder aus Gebäck besteht (Brotzeit). Gott sei Dank besteht das Mittagessen aus besser abgestimmten Nahrungsmitteln, die einen hohen Proteingehalt besitzen – wie zum Beispiel das Fleisch!
Wenn wir zur amerikanischen Philosophie zurückkehren, daß die Menschen hart arbeiten müssen (jedenfalls war das vor 100 oder vor 150 Jahren der Fall, als sich das typische amerikanische Frühstück entwikkelt hat), so leuchtet es ein, wenn das amerikanische Frühstück von der Physiologie her als besser angesehen wird. Rühreier sind zum Beispiel eine ausgezeichnete Protein- und Fettquelle. Das Protein ist wichtig für den Körper, und das Fett gibt <u>langsam</u> Zucker in die Blutbahnen ab, und dadurch bekommt der Körper die Energie, bis zum Mittagessen durchzuhalten. Obwohl das amerikanische Frühstück eigentlich aus mehr Kalorien als das deutsche besteht, werden aber meiner Meinung nach diese Kalorien besser verbraucht und führen

nicht zu Übergewicht, weil man nicht dazu verführt wird, ein zweites Frühstück zu essen.
Die Fähigkeit, Schinken und Eier zuzubereiten, setze ich natürlich voraus. So werden hier eben nur die Rezepte berücksichtigt, die typisch amerikanisch sind und die noch nicht bis in die „European Scene“ vorgedrungen sind!

# Grits

Maisgrütze

Grütze ist wohl eine der beliebtesten Frühstücksbeilagen in den Südstaaten. In den meisten anderen Gebieten der USA wird der Begriff von Grütze weitgehend mißverstanden. Da sie nämlich aus weißem Mais gemacht wird, gleicht sie dem Haferschleim. Und so haben zwar viele Nordstaatler probiert, sie zu essen, aber als Haferschleim – und das heißt mit Milch und Zucker. (Also kein Wunder, daß sie nicht gerade erbaut davon sind.)
In Deutschland bekommt man die Grütze in allen Läden, die italienische Kunden haben, und in Reformhäusern – unter dem Namen „Polenta“. Kaufe aber nur die mittel- oder grobkörnige Grütze.

Nimm für jede Portion:

2–3 gehäufte Eßlöffel Polenta
sehr wenig Salz
2½mal soviel Wasser wie Polenta

Laß das sehr leicht 10 bis 15 Minuten kochen, je nachdem, ob du die Grütze flüssig oder trocken haben möchtest.

Mit Spiegeleiern:
Koche eine ziemlich trockene Grütze, lege sie auf einen Teller wie ein Omelett und gib 2 Eier direkt auf die Grütze. Mit Salz und Pfeffer bestreuen und dann genießen!

Mit Rühreiern:
Nimm die Grütze vom Herd, wenn sie noch ein bißchen flüssig ist, und serviere sie mit Butter, Salz und Pfeffer nach Geschmack als Beilage zu den Rühreiern.

# S.O.S. – ‚Shit on a Shingle'

4–6 Portionen

Dieses Gericht wurde während des Zweiten Weltkrieges populär, weil es da regelmäßig dem Militär vorgesetzt wurde. Die Soldaten beklagten sich natürlich, daß sie immer dasselbe essen mußten, und nannten es „Shit on a Shingle" (Scheiße auf einer Schindel) oder einfach „S.O.S"

Normalerweise wird dieses „Soldaten-S.O.S.", das heute sehr beliebt ist, auf Toastscheiben serviert. Meiner Meinung nach schmeckt es aber viel besser über Bratkartoffeln.

Für diese einfache Mahlzeit gibt es – so wie bei Chili – auch Hunderte von „geheimen" Rezepten – alle irgendwie verschieden und doch im großen und ganzen ähnlich!

Das beste, das ich je versuchte, bekam ich von einem jungen Warrant-Offizier, einem Junggesellen, der in Spangdahlem stationiert war.

Rezept für 6 normale oder für 4 starke Esser:

Brate in einer großen Bratpfanne:

1 Pfund Hackfleisch

(Solltest du Tatar verwenden, so brauchst du etwas Butter oder Öl, um zu verhindern, daß das Fleisch an der Pfanne kleben bleibt.)

Während das Fleisch in der Pfanne bräunt, mischst du

¼ Tasse kochendes Wasser

1 Rinderbrüh-Würfel

und läßt das für einige Minuten stehen. Mittlerweile bestreust du das Fleisch mit

1 gehäuften Eßlöffel Mehl

und rührst so lange, bis das Mehl keine Klümpchen mehr bildet und ein bißchen braun geworden ist. Danach gießt du langsam, unter ständigem Rühren, die Brühe dazu und

1–1½ Tassen Milch

Das Ganze dann schmoren lassen, bis es eine schöne Festigkeit erreicht hat. Optimal wäre, wenn du vor dem Servieren auf dem Toast etwas Butter darunterrührtest!

**TonyTip**

S.O.S. esse ich oft und gerne am Abend! Warum muß „Abendbrot" immer „Brot" sein?

# Home Fried Potatoes

Hier gibt es kein Rezept, weil es sich ganz einfach um die deutschen Bratkartoffeln handelt. – In Amerika besteht der Unterschied nur darin, daß sie oft zum Frühstück mit Eiern serviert werden! Die Amerikaner mögen sie am liebsten braun und knusprig. Bei der Zubereitung von Bratkartoffeln gibt es immer eine Kontroverse – nämlich, ob sie aus rohen oder aus gekochten Kartoffeln gemacht werden sollen. Ich hatte eigentlich mit beiden Alternativen Glück. Mir ist lediglich aufgefallen, daß die rohen Kartoffeln mehr zum Zusammenkleben neigen. Vor allem aber kleben sie gern am Pfannenboden fest.

Tony Tip

In Florenz habe ich gelernt, daß ein wenig Rosmarinblätter in dem Bratfett den Geschmack sehr verbessert!

# Chipped Beef

Bündner Fleisch

4 Portionen

Dies ist ein gutes Beispiel, wie ähnliche Speisen verschiedenartig in verschiedenen Kulturen angewendet werden können. Chipped Beef – in germanischen Ländern als „Bündner Fleisch" bekannt – ist auch ein direkter Import aus diesen Ländern. In den Vereinigten Staaten wird es meistens zum Frühstück serviert.

Für 4 Personen:

Gib in kochendes Wasser
250 g Bündner Fleisch, hauchdünn geschnitten
und laß es für 5 Minuten stehen, um etwas von dem Salzgehalt wegzunehmen. Aus dem Wasser nehmen und genau wie S.O.S. zubereiten und servieren!

# Buttermilk Biscuits

Eine Art „schnelles Brot“, das eigentlich Soul Food ist. Normalerweise werden diese Biskuits mit weichen Spiegeleiern serviert.

Für „Süßmäuler“ kann man sie heiß servieren, mit Butter und Marmelade oder Honig!

Vermische in einer Schüssel:

2 Tassen Mehl
2–3 Eßlöffel Backpulver
¼ Eßlöffel Soda
1 Eßlöffel Salz
Dann gut mit den Fingern durchkneten mit
⅓ Tasse Palmin oder einem anderen Fett
Dann gib dazu
¾ Tassen Buttermilch

und mische das ganze sehr sorgfältig. Knete auf einem mit Mehl bestreuten Brett einen Teig (ca. 2 cm dick) und schneide Quadrate oder Kreise (Ø 5 bis 7 cm) heraus. Dann werden diese für 10–15 Minuten im Backofen bei ca. 230° gebacken.
Diese Mischung ergibt 14 bis 16 Biskuits.

# Pancakes

Pfannkuchen

In Amerika werden zum Frühstück eine ganze Reihe von „Pancakes“, die den deutschen Pfannkuchen ziemlich ähnlich sind, serviert. Die meisten Rezepte unterscheiden sich nicht von denen in Deutschland und müssen also hier auch nicht aufgeführt werden.
Der große Unterschied ist auch hier wieder das Wie (mit süßen Marmeladen) und das Wann (zum Frühstück)!

# Buckwheat Pancakes al Tiger

Pro Person (ungefähr 4 kleine Kuchen):

2 gehäufte Eßlöffel Weizenmehl
2 gehäufte Eßlöffel Buchweizenmehl
1 Ei
1 Prise Salz
1 Teelöffel Backpulver
Milch

Vermische die Zutaten und brate bei mittlerer Hitze in einer gußeisernen Pfanne 4 Pfannkuchen mit einem Durchmesser von ca. 12 cm.

# Buttermilk Pancakes

Hierfür nimmst du das gleiche Rezept wie oben – jedoch anstatt Buchweizenmehl nur Weizenmehl – und verwendest nur Buttermilch. Bereite den Teig etwas dünner, da durch die Buttermilch bewirkt wird, daß der Teig sehr aufgeht!
In den USA wird gewöhnlich widerlich süßer Sirup zu den Pancakes gegessen. Ein „vernünftiger" Mensch wird sicherlich nicht damit einverstanden sein. Ein geeigneter Ersatz dafür könnte z. B. sein: Apfelmus, saure Sahne mit Erdbeeren oder anderem frischen Obst.
Auch möglich wäre, eine warme Käsesauce dazu zu essen, ähnlich der, die zu „Big Daddy's Macaroni" vorgeschlagen wurde (siehe Seite 98).
Warm über die Pancakes gegossen, das ist weder typisch deutsch noch amerikanisch, aber sehr lecker!
In den Teig von allen Pancakes kann man auch gehackte Nüsse, Sonnenblumenkerne, Rum usw. geben.

# Orange Juice Pancakes

Für 8 Pfannkuchen ca. 12 cm Ø

Schlage mit der Gabel:

2 Eier
¼ Tasse Pflanzenöl
Dann zu den Eiern geben:
2 Tassen Mehl
1–1½ Teelöffel Backpulver
½ Teelöffel Salz

Danach mischst du unter langsamem Rühren darunter:
1½–2 Tassen Orangensaft
Bei mittlerer Hitze Pfannkuchen braten und sie heiß servieren.

Br
UNCH
eakfast
L
...VERGISS MAL
DIE EILE!...

# Brunch

Für einen kreativen Koch bietet keine andere Mahlzeit eine bessere Gelegenheit, ein elegantes und außergewöhnliches Essen auf den Tisch zu bringen – ein Essen mit idealen Voraussetzungen: Am Sonntagmorgen zum Beispiel, mit noch ein bißchen Schlaf in den Augen, und mit viel Zeit zum Entspannen, mit Zeitunglesen, Musikhören und Gesprächen und Freude! Hier handelt es sich wirklich um eine Mahlzeit für Lebenskünstler!
Ohne Zweifel bietet New Orleans die interessanteste Küche der USA an und kann mit jeder anderen Weltstadt konkurrieren. (Ich bin sogar der Meinung, daß diese Küche noch interessanter und besser ist als z. B. die in den „Feinschmecker-Hauptstädten" Paris, Rom usw.). Auch ist New Orleans die Stadt, die am meisten Wert auf das Frühstück legt! Und davon sind die meisten richtige „Brunches". – „Breakfast at Brennan's" (ein Restaurant in New Orleans) ist im ganzen Land bekannt und berühmt, und für viele Feinschmecker ist es ein Wunschtraum, einmal dort zu essen.
Jedes der Frühstück-Rezepte eignet sich natürlich auch zum „Brunch". Aber die Brunch-Rezepte sind eigentlich nicht so richtig für das normale, meist etwas eilige Frühstück geeignet. Hierzu sollte man sich wirklich Zeit und Ruhe gönnen.

Bei schönem Wetter sollte man sich zum Brunch auf den Balkon oder in den Garten setzen. Zwischendurch schadet es nicht, wenn die Männer „Mama" mit einem Sekt-Brunch verwöhnen.
Wenn schon, denn schon: Der Tisch sollte festlich gedeckt werden mit einem kleinen Blumenstrauß und vielen farbenfrohen Dingen wie Erdbeeren, Äpfel usw. Auch sehr zu empfehlen ist eine ganz leise Background-Musik, z.B. Kieth Jarret's Köln-Konzert. Und für die Raucher nicht vergessen; Zigaretten und Aschenbecher bereitstellen.

# Eggs Benedict

Eier Benedict habe ich zum ersten Mal im Hotel Sonesta in New Orleans gegessen – und dieses Gericht steht folgendermaßen auf der Speisekarte:
Poached Eggs
Toasted English Muffins (eine Art Toast)
Sugar Cured Ham
Asparagus Tips
Sauce Hollandaise

Ich würde es als „Strammen Max mit Niveau" bezeichnen.
Das Gericht wird in 5 leichten Gängen zubereitet. Aber der Trick dabei ist, daß alle Gänge gleichzeitig an den Tisch gebracht werden – und das ganz frisch und heiß! Ich finde das ziemlich schwer – aber die Mühe lohnt sich!

Für 2 Personen bereitest du als erstes die Sauce Hollandaise zu:
3–4 Eigelb
½ Teelöffel Salz
1 Schuß Tabasco
1 Teelöffel Zitronensaft
Das verrührst du und erhitzt es dann in einer großen Saucenpfanne (nicht kochen!). Zur gleichen Zeit bringst du in einer separaten Pfanne zum Brutzeln:
½ Tasse Butter
Halte die Eier warm und gib die geschmolzene Butter zu, unter ständigem Rühren. Das hältst du dann warm (sollte die Sauce zu dick sein beim Servieren, so gibst du einfach 1 oder 2 Eßlöffel kochendes Wasser dazu und rührst noch einmal um.)

Dann beginnst du mit allem auf einmal:
4 Scheiben Toast
4 Scheiben gekochten Schinken (ungefähr 1 cm dick)
in ein bißchen
Butter
erwärmt.
4 Stangen Spargel, vorgekocht und warmgehalten
4 Eier „im Glas" so zubereitet, daß das Eiweiß fest ist und das Eigelb weich (aber nicht verletzt)
Dann gibst du die Schinkenscheiben auf den Toast und auf jede Scheibe Schinken ein Ei, das wird dann mit dem Spargel garniert.
Die Sauce Hollandaise kommt dann darüber!

Das Ganze servierst du dann mit Irish Coffee oder mit Café Broulot! Hier gibt es zwar ein bißchen Extra-Arbeit, aber dafür bleibt es ein unvergeßliches Brunch!

# Café Broulot

Das ist ein original-louisiana-kreolisches Getränk, das ähnlich wie Irish Coffee zubereitet wird. Der Geschmack jedoch ist ganz anders!
Zuerst koche eine Kanne Kaffee – mindestens 2 Tassen pro Person, weil kein normaler Mensch mit 1 Tasse zufrieden sein wird.
Dann stellst du eine feuerfeste Schüssel mit einem Rechaud auf den Tisch.
O. k. – dann zum Herd!

Folgendes in einem Topf erhitzen (für jede Tasse Kaffee):
1 doppelten Cognac
2 Teel. Zucker
3 Gewürznelken
1 kleine Scheibe Orangenschale
1 kleine Scheibe Zitronenschale
Kurz vor dem Sieden den Topf vom Herd nehmen und alles in die Schüssel auf dem Tisch gießen. Nimm 1 Eßlöffel Cognac, zünde ihn an und entflamme damit den restlichen Cognac in der Schüssel.
Laß das 30–60 Sekunden brennen und gieße dann langsam den Kaffee dazu.
Das Getränk wird normalerweise in einem vorgewärmten Irish-Coffee-Glas serviert. Ein kleines Stückchen Zimtstange rundet den Geschmack ab.

**Tony Tip**

Laß die Zimtstange weg, gib Schlagsahne darauf und streue Zimtpulver darüber.

# Steak & Eggs

Ein richtiges Männer-Brunch! Dazu braucht man kein Rezept. Brate einfach ein Steak in einer Steakpfanne und serviere es mit Spiegel- oder Rühreiern.
Für die, die wirklich großen Appetit haben, kannst du auch Bratkartoffeln als Beilage servieren!

# Corned Beef

Gepökeltes Büchsenrindfleisch

Corned Beef kannst du in größeren deutschen Lebensmittelläden in Dosen kaufen – aber ich konnte es hier noch nie auf einer Speisekarte finden, und es wurde mir nie bei einer deutschen Familie serviert. Das ist wirklich schade, weil es doch so gut schmeckt!
Richtig gemacht, sollte man die gleichen Portionen von Fleisch und Kartoffeln haben.
Also, versuch es einmal!

Für 4 Personen nimmst du:
2 Dosen Corned Beef
die gleiche Menge gekochte Kartoffeln, fein gewürfelt
Salz und Pfeffer zum Abschmecken
ein bißchen Muskatnuß
1 mittelgroße Zwiebel, fein gehackt
Alles gut vermischen und dann in Butter oder Pflanzenöl braten.
Ein Puritaner wird das Haschee wohl immer so lange braten, bis es eine Kruste hat und wie ein Omelett gewendet werden kann. Ich finde aber, es schmeckt besser, wenn es unten knusprig ist und oben noch ein bißchen weich und locker.
Wenn du eine Kruste haben möchtest, gib während des Bratens ein paar Eßlöffel Wasser in die Pfanne.
4–8 Eier
Nun formt man mit einem Eßlöffel vorsichtig kleine „Dellen" in das ganze (eine pro Ei). Die Eier werden dann vorsichtig in die Dellen geschlagen. Über das ganze ein bißchen Wasser geben (1 Eßlöffel). Dann wird die Pfanne zugedeckt, bis das Eiweiß festgekocht ist.

**Rosalie-Tip** – Rosalie, meine Mutter, die gerne ihren Senf dazugibt, vermischt immer ein bißchen Tomatenmark mit den Zutaten.

**Tony Tip** Warum nicht eine Sauce Hollandaise darübergießen? Schaden kann es nicht – und für mich schmeckt es gut!

# Omeletts

Omeletts – eine ausgezeichnete „Brunch-Mahlzeit" – vor allem, weil die Zubereitung nur durch deine Phantasie begrenzt ist! Der Omelettboden sollte jedoch immer so zubereitet werden, wie du gleich lesen wirst. Merke dir bitte, daß du nie eine gute Omelettform erhalten kannst, wenn das Fett, in das die Eier kommen, nicht heiß genug ist! Das Omelett sollte laut zischen, wenn der Teig ins Fett gegeben wird!
Verwende nie mehr als 3 Eier für ein Omelett, sonst ist es schwer zu „wenden"!
Mische für jedes Omelett:

3 Eier
1½ Eßlöffel Wasser
Salz und Pfeffer zum Abschmecken
1 Schuß Tabasco
Dann erhitzt du in einer großen Pfanne
1 Eßlöffel Butter

Beobachte die Butter genau – gerade wenn sie zu rauchen beginnt, gib den Teig hinein. Zuerst hast du eine Grundform, und dann verteilst du den Teig, indem du die Pfanne von einer Seite zur anderen anhebst, und läßt das Omelett festbacken.
Wenn sich ein schöner, fester „Boden" gebildet hat, die Oberfläche aber noch flüssig ist, dann gibst du die Füllung darauf, klappst das Omelett zusammen und servierst es.

# Mozzarella-Omelett

Mozzarella-Käse gibt es in allen guten Käseabteilungen der Kaufhäuser und in italienischen Lebensmittelgeschäften. Bereite also den Omelettboden zu und gib auf die eine Seite Mozzarella-Scheiben, klappe es zusammen und lasse es dann noch so lange braten, bis der Käse weich ist. Dann servieren! Fertig!

# Cheese & Peppers Omelet

Bevor du das Grundrezept für den Boden in die Pfanne gibst, füge dazu:

1–2 Eßlöffel geriebenen italienischen Käse (Romano, Picorino, Parmesan)
Wenn der Boden fest ist, oben aber noch flüssig, belegst du das Omelett großzügig mit
dünnen Scheiben von grünen Paprikaschoten
gehacktem Gruyère oder Emmentaler
Gib dann das ganze für ein paar Minuten in die heiße Backröhre, bis der Käse weich ist – und schnell servieren!

# Apple Fritters

Hier handelt es sich um eine gute Beilage für jedes Brunch!
Zuerst für jede Person:

1 süßen Apfel
schälen, entkernen und in 1 cm dicke Scheiben schneiden.
Dann gib in eine Mixschüssel:
1 Tasse gesiebtes Mehl
½ Teelöffel Salz
1 Eßlöffel Zucker
In einem anderen Gefäß mischst du:
1 leicht geschlagenes Ei
1 Tasse Milch
1 Eßlöffel geschmolzene Butter oder Margarine
Gib die flüssige Mischung zu dem Mehl und rühre einen Teig an.
Zuerst tauchen wir dann die Apfelscheiben in den Teig und frittieren sie danach in heißem Fett, bis sie auf allen Seiten schön braun sind. (Man erreicht das gleiche befriedigende Ergebnis, wenn man die Fritters in einer normalen Pfanne und in wenig Fett brät!)
Die Fritters gut abtropfen lassen und servieren.

Anmerkung:
Für Schleckermäuler streust du Zimt und Zucker darüber!

# Apple & Roquefort Omelet

Für ein Omelett in einer Schüssel zusammenrühren:

3 Eier
1–2 Eßlöffel geriebenen italienischen Käse
1 Eßlöffel Wasser
und beiseite stellen.
Dann wird in einer Pfanne erhitzt:
etwas Butter
¼ grüner, saurer Apfel, in mitteldikke Scheiben geschnitten
Wenn die Apfelscheiben gut durchgewärmt und etwas weich sind, aus der Pfanne nehmen und möglichst warm halten.
In die Pfanne nun den Eierteig geben und einen Boden bilden lassen. Darauf kommen dann die Apfelscheiben, und
1–2 Eßlöffel zerbröckelter Roquefort
werden darübergestreut. Zusammenklappen und weiterbraten lassen, bis der Käse weich ist.

**Tony Tip** Der Roquefort-Geschmack in Verbindung mit Eiern ist sicherlich nicht jedermanns Geschmack. Also dann – Emmentaler, Edamer oder Romano!

# Spanish Omelet al Bobby Ray

Belege den Boden mit:

1–2 gehackten roten Cherry Peppers
gehacktem, scharfem Hartkäse
1 mittelgroßen Tomate, gehackt
Salz und Pfeffer zum Abschmecken
Das ganze zusammenklappen und servieren! – Aber das ist nur etwas für Leute, die es würzig lieben!

Anmerkung:
Cherry Peppers wurden von Mexiko in die Vereinigten Staaten importiert und sind vielleicht in Deutschland schwer zu finden. Du kannst aber jede scharfe Schote dazu nehmen (versuche mal Peperoni).

# Potato Omelet

Für dieses Rezept braucht man eine Backform oder eine gußeiserne Pfanne (ca. 24 cm ∅) ohne Holzgriffe, die man direkt in den Backofen stecken kann.
Man kann die Kartoffeln am Abend zuvor kochen (wie für Bratkartoffeln), aber ich habe es oft mit rohen Kartoffeln gemacht, weil ich die Kombination der weichen Eier und der knusprigen Kartoffeln mag.

Auf geht's:

Erst wird zusammen gebraten:

etwas Olivenöl
5–6 Kartoffeln in dünnen Scheiben
2–3 Zwiebeln, auch in dünnen Scheiben
100 Gramm Salami, in 1 cm dicke Würfel geschnitten
mit süßem Paprika gut überstreuen

Mittlerweile in einer Schüssel zusammenrühren:
6 Eier
Salz, Pfeffer, Muskat
Das gießt du über die Kartoffeln und streust darüber:
2–3 Eßl. geriebenen Romano-Käse
Das bäckst du dann ca. 20 Minuten im Backofen bei mittlerer Hitze.

**Tony Tip** Wenn du es richtig erwischt hast, kannst du das Omelett schneiden wie eine Torte. Die Italiener essen es gerne kalt, aber das überlasse ich dir!

# Huevos Rancheros

Und zum Schluß gibt es natürlich auch ein TEX-MEX Brunch!
Für jeden „Fresser“:

2 Rühreier, normal zubereitet
Sie werden auf dem Teller mit einer großen Portion
Chili con Carne (normalerweise aber ohne Bohnen!)
zugedeckt. Dann wird darübergestreut:
gehackte rohe Zwiebeln
mit dem Messer gehackter Hartkäse (z. B. Emmentaler)

Dies ist seit Jahren das typische Cowboy-Frühstück in dem Gebiet von Texas bis Südkalifornien!
Vor allem kann man so seine Chili-Reste günstig verwenden!

# The Last Chapter

Gott sei Dank!

Na! Bis jetzt habe ich nur das vorgebracht, was aus der Ami-Küche am interessantesten ist. Was schlage ich denn vor? Daß die Deutschen aufhören sollen, Schnitzel, Krautwickel, Bratwürste und Klöße zu essen? Sollen sie dann nur noch Hamburgers & Ketchup fressen? Und zum Frühstück keine Mohnbrötchen mit Konfitüre mehr? Um Gottes willen! Ohne mich!

Aber ich frage mich oft (vor allem weil ich im Grunde genommen ein Buddhist bin), warum man so selten den Mittelweg findet? Zu unserem Thema von Essen – warum sollte man nicht das beste von beiden Ländern aussuchen und ausnutzen? (Hier kannst du deinen Kommentar über z. B. „Sauerkraut mit Ketchup" für dich behalten. Wir führen jetzt ein ernsthaftes Gespräch – oder?) Warum nicht „Chili con Carne con Spätzle? Oder (noch besser) Brunswick Stew mit Klößen?

Um dir „danke" zu sagen für deine Geduld und dein Interesse an meinem kleinen Versuch – schenke ich dir dieses letzte Rezept, von dem ich glaube und hoffe, daß es das erste und originale Deutsch-Ami-Nürnberger Gericht ist! Laß es dir schmecken!

# Toninos Nürnberger Eintopf

(Vorschlag: Vorbereiten am Samstagabend oder Sonntagmorgen, sehr früh. Dann nach einer 3 oder 4 Stunden langen Wanderung in dem guten deutschen Wald – vor allem im Herbst und Winter – wieder erhitzen! Schnell, bequem und lecker!
Für 6 Personen:

1 Pfund Nürnberger Bratwürste
gut durchbraten in einer gußeisernen Pfanne. Auf Fließpapier das Fett abtropfen lassen und in „Finger-tip"-Stücke schneiden! Diese werden in einen großen Topf geschmissen mit:
4 Tassen Wasser
1 großen Zwiebel, grob gehackt
2 Lorbeerblättern
1 Knoblauchzehe, fein gehackt
2 Teelöffel Salz
½ Teelöffel Thymian
und auf Wunsch
Pfeffer und/oder Kümmel
Laß das alles 20 Minuten schmoren, dann gib dazu:
2 Dosen (je 400 g) rote mexikanische Bohnen (ohne Dosenflüssigkeit)
1 Tasse rohe Kartoffeln (in Würfel geschnitten)
½ grüne Paprikaschote, gehackt
und noch 20 Minuten kochen lassen (oder bis die Kartoffeln gar sind) – und genießen!

# Rezepte-Verzeichnis

**Barbecue & Grilling**



**B.B.Q. Side Dishes (Beilagen)**



**Die Italo-Amis**

**Chicken (Hühnchen)**



**Breakfast**



**Brunch**



**The Last Chapter**